瑶族是一个具有悠久历史文化的跨境民族。在长期的历史发展过程中，瑶族人民创造了许多独具民族特色的传统文化，为祖国南疆的开发和统一的多民族国家的形成做出了重大的贡献。瑶族是个能歌善舞的民族，其音乐舞蹈不仅极富民族特点，而且还是瑶族人民日常生活中不可缺少的精神食粮。

走近中国少数民族丛书

主　编/ 丹珠昂奔

瑶　族

Yaozu

玉时阶　著

辽宁民族出版社

图书在版编目（CIP）数据

瑶族 / 玉时阶著. —沈阳：辽宁民族出版社，2014. 12（2020.5重印）
（走近中国少数民族丛书 / 丹珠昂奔主编）
ISBN 978-7-5497-0959-5

Ⅰ. ①瑶… Ⅱ. ①玉… Ⅲ. ①瑶族— 民族历史 — 中国 ②瑶族 — 民族文化 — 中国 Ⅳ. ①K285.1

中国版本图书馆CIP数据核字（2014）第310765号

走近中国少数民族丛书 · 瑶族
ZOUJIN ZHONGGUO SHAOSHU MINZU CONGSHU · YAOZU

丛书策划 / 李凤山

出版发行者：辽宁民族出版社
地　　址：沈阳市和平区十一纬路25号　邮编：110003
印 刷 者：晟德（天津）印刷有限公司
幅面尺寸：170mm×240mm
印　　张：11.5
字　　数：170千字
出版时间：2014年12月第1版
印刷时间：2020年5月第2次印刷
责任编辑：李凤山　吴昕阳
助理编辑：李　欣
封面设计：杜　江
责任印制：杨　雪
责任校对：边京爱

标准书号：ISBN 978-7-5497-0959-5
定　　价：38.00元

网　址：www.lnmzcbs.com　　邮购热线：024-23284335
淘宝网店：http：// lnmz2013.taobao.com
如有印装质量问题，请与出版社联系调换　联系电话：024-23284340

《走近中国少数民族丛书》作者名录

《蒙古族》 萨仁图娅（蒙古族）
《回族》 许宪隆（回族） 张龙（汉族）
《藏族》 丹珠昂奔（藏族）
《维吾尔族》 艾克拜尔·吾拉木（维吾尔族）
买力克·买买提（维吾尔族）
伊利迪尔（维吾尔族）
《苗族》 石莉芸（苗族） 李云兵（苗族）
《彝族》 陈国光（彝族）
《壮族》 黄佩华（壮族）
《布依族》 周国炎（布依族）
《朝鲜族》 黄有福（朝鲜族）
《满族》 于今（满族）
《侗族》 杨筑慧（侗族）
《瑶族》 玉时阶（壮族）
《白族》 董建中（白族）
《土家族》 罗中（土家族） 罗午（土家族）
《哈尼族》 朱志民（哈尼族） 李泽然（哈尼族）
《哈萨克族》 艾克拜尔·米吉提（哈萨克族）
伊拉达·拉音别克（哈萨克族）
《傣族》 赵瑛（傣族）
《黎族》 罗文雄（黎族）
《傈僳族》 鲁建彪（傈僳族） 欧光明（傈僳族）
《佤族》 郭锐（佤族）
《畲族》 钟亮（畲族）
《台湾少数民族》 林华（台湾少数民族）
《拉祜族》 苏翠薇（拉祜族）
《水族》 韦学纯（水族）
《东乡族》 马兆熙（东乡族） 马自祥（东乡族）
《纳西族》 白庚胜（纳西族） 孙淑玲（汉族）
白羲（纳西族）
《景颇族》 金黎燕（景颇族）
《柯尔克孜族》 阿地里·居玛吐尔地（柯尔克孜族）
《土族》 祁进玉（土族） 东永学（土族）
《达斡尔族》 毅松（达斡尔族）
《仫佬族》 黎学锐（仫佬族） 黎炼（仫佬族）
《羌族》 雍继荣（羌族） 罗吉华（羌族）
周发成（羌族）
《布朗族》 陶玉明（布朗族）
《撒拉族》 马成俊（撒拉族） 马建新（撒拉族）
《毛南族》 韩德明（汉族）
《仡佬族》 周小艺（仡佬族）
《锡伯族》 阿苏（锡伯族） 盛丰田（锡伯族）
何荣伟（锡伯族）
《阿昌族》 们发延（阿昌族） 张斯齐（蒙古族）
《普米族》 朱凌飞（汉族） 杨周明（普米族）
《塔吉克族》 西仁·库尔班（塔吉克族）
阿力木江·西仁（塔吉克族）
《怒族》 李月英（傈僳族） 张芮婕（傈僳族）
《乌孜别克族》 古丽巴努木·克拜吐里（维吾尔族）
《俄罗斯族》 乃珂热曼·依布拉音（塔吉克族）
《鄂温克族》 黄任远（汉族） 那晓波（鄂温克族）
《德昂族》 袁丽华（汉族） 王燕（汉族）
《保安族》 马少青（保安族）
《裕固族》 董潇红（裕固族） 王政德（藏族）
《京族》 吕俊彪（汉族）
《塔塔尔族》 卡米力·库尔马尤夫（塔塔尔族）
《独龙族》 李金明（独龙族）
《鄂伦春族》 王为华（汉族）
《赫哲族》 黄任远（汉族）
《门巴族》 陈立明（汉族） 张媛（汉族）
《珞巴族》 陈立明（汉族） 李锦萍（汉族）
《基诺族》 朱映占（汉族）

总序

中国是一个统一的多民族国家。几千年来，有着悠久历史和灿烂文化的少数民族，与汉族一道，在中华大地上繁衍生息，共同开发着这块土地，建设、发展、捍卫着这个古老而伟大的国家。各民族都是兄弟，相互离不开，都是这个国家的主人。习近平总书记在第二次中央新疆工作座谈会上发表重要讲话，指出："要坚定不移坚持党的民族政策、坚持民族区域自治制度。民族团结是各族人民的生命线。要高举各民族大团结的旗帜，在各民族中牢固树立国家意识、公民意识、中华民族共同体意识，最大限度团结依靠各族群众，使每个民族、每个公民都为实现中华民族伟大复兴的中国梦贡献力量，共享祖国繁荣发展的成果。各民族要相互了解、相互尊重、相互包容、相互欣赏、相互学习、相互帮助，像石榴籽那样紧紧抱在一起。""要在各族群众中牢固树立正确的祖国观、民族观，弘扬社会主义核心价值体系和社会主义核心价值观，增强各族群众对伟大祖国的认同、对中华民族的认同、对中华文化的认同、对中国特色社会主义道路的认同。"因此，坚持平等、团结、互助、和谐的社会主义民族关系，不断增进了解，深化友谊，建立牢不可破的感情基础，是中国社会转型期、改革攻坚期、矛盾多发期保持社会稳定、发展的基本要求，也是实现中华民族伟大复兴的中国梦的基本要求。

为了进一步宣传我国少数民族的历史文化和民族风情，增强对少数民族的认识，宣传党的民族政策和方针，加深对党的民族政策的理解，加强各民族之间的了解与沟通，让读者了解少数民族，中华人民共和国国家民族事务委员会文化宣传司和辽宁民族出版社共同组织了《走近中国少数民族丛书》。

《走近中国少数民族丛书》的编写有以下三个特点：第一，采用图文并茂的形式、鲜活生动的语言、特色浓郁的图片与丰富的民族常识链接，向读者展示我国55个少数民族的历史渊源、民族变迁、社会生活、文化艺术、风俗习惯、历史人物和民族区域自治政策的伟大实践。第二，作者多为本民族的专家学者和与民族研究工作相关的专家学者，对自己撰述的对象既有深厚的知识积累，也有真挚的情感。第三，内容彰显了历史与现实、民族文化与地域文化、民族区域自治地方与散杂居地区少数民族生产生活的多彩画卷和轨迹，引导读者走近少数民族，聆听他们的古老传说，感受他们的发展变化，加深彼此的沟通和了解。这套《走近中国少数民族丛书》是面向民族干部和各级干部通览我国少数民族概况的普及读本，也是图书馆的必备藏书。

《走近中国少数民族丛书》所揭示的每一个民族的历史，都承载着这个民族的文化，也承载着这个民族的发展和未来。中华大地孕育的55个少数民族多彩斑斓的民族文化，同汉族文化一道从远古走到今天，汇入了中华文化壮阔的历史长河。“共同团结奋斗，共同繁荣发展”，保护、传承和弘扬少数民族优秀文化，不仅是推动我国民族团结进步事业的重要内容，也是构建和谐社会、实现中华民族伟大复兴的中国梦的重要使命。期待通过《走近中国少数民族丛书》，使广大读者徜徉于少数民族多彩风情的同时，更加深刻地了解和认知中华民族多元一体的文化内涵，感受中华民族悠久历史的深远与厚重。

丹珠昂奔

2014年6月26日

前言

瑶族 创造山地游耕农业文明的民族

瑶族是一个具有悠久历史文化的跨境民族。在长期的历史发展过程中，瑶族人民创造了许多独具民族特色的传统文化，为祖国南疆的开发和统一的多民族国家的形成做出了重大的贡献。

瑶族的起源，最早可追溯到蚩尤时期。蚩尤是中国远古的传说英雄人物之一，他与传说中的华夏族的炎、黄二帝是同时代人，距今五六千年。当时，在黄河下游与长江中下游之间的济水、淮水流域一带，有一个势力强大的九黎部落联盟，蚩尤部落则是九黎部落联盟的领导集团。后来，活动在陕甘黄土高原上的炎帝神农氏部落集团和黄帝轩辕氏部落集团在沿黄河南北由西向东发展时，同蚩尤部落集团产生矛盾。蚩尤部落集团被击败后，被迫从北向南迁徙，分布于湖南、广东、广西、云南、贵州的高山密林中，主要从事刀耕火种的山地游耕农业，其后裔亦先后演变、发展为三苗、蛮、长沙武陵蛮、莫徭、瑶族。

瑶族大多散居在海拔1 000~2 000米的高山密林中，境内峰峦起伏，山高壑深。千百年来，瑶族人民在这种特定的生态环境下，为维持生存与发展，住山吃山，以山为伴，以山为生，在崇山峻岭之中开出一条求生存与发展之路，把自己锻炼成为一个举世闻名的山地游耕农业民族，创造了独特的山地经济文化。

瑶族是个跨境而居的民族。2010年，世界上约有瑶族370万人，其中中国境内有瑶族2 796 003人，主要分布在广西、广东、湖南、云南、贵州、福建、江西等省区。除中国外，世界上还有90余万的瑶族居住在越南、老挝、泰国、美国、法国、加拿大等国家，他们都是从中国迁徙去的，和中国的瑶族同宗同源，都是同一个民族。

从民族的形成和发展来看，瑶族是一个多元聚合的民族。其融合凝聚的核心是距今五六千年前，活动在黄河下游与长江中下游之间的济水、淮水流域一带的九黎部落联盟中的蚩尤及其后来的三苗。随着历史的发展，瑶族在与各民族频繁交往的发展过程中，一部分汉族、壮侗语族的族群在与瑶族接触后，同化成为瑶族。

历史上，瑶族是个刀耕火种的山地游耕农业民族。长期的迁徙，不仅练就了山地民族极强的适应能力和坚韧不拔的进取性格，而且还扩大了他们与外界的交往，形成了极强的包容、开放意识和多元复合的民族传统文化。

瑶语的构成十分复杂，主要由“勉语”“布努语”“拉珈语”“汉语方言”等四大方言组成。这四大方言都统称“瑶语”或“瑶族语言”，都具有汉藏语系语言所共有的特征，都是汉藏语系的语言。但它们又分别属于不同的语族和语支：勉语属苗瑶语族瑶语支，布努语属苗瑶语族苗语支，拉珈语属壮侗语族侗水语支，汉语方言属汉藏语系的汉语，它们都有自己的语言文化特点。受汉语、壮语的影响，瑶语中还吸收和借用了较多的汉语、壮语词汇。瑶语的发展，充分反映了瑶族学习、吸收其他民族文化的开放意识。

瑶族不仅信仰本民族从远古就产生的原始宗教，崇尚大自然，相信万物有灵，而且还信仰道教和佛教。特别是道教，自其传入瑶区后，很快就和瑶族民间信鬼神、病不求医、专事巫觋的原始宗教信仰习俗相迎合，满足了瑶族社会的需要，二者之间相互影响，相互渗透，导致了瑶族民间信仰文化复杂性与多元性的形成，从而使瑶族的宗教信仰发生根本性的变化。

历史上，瑶族是个迁徙较多的山地游耕农业民族。刀耕火种的山地游耕农业，决定了他们每到一个地方一般只能住三年五载，然后又迁徙到另一个地方寻地垦荒耕种。和这种刀耕火种的游耕农业相适应，人们建筑的居室十分简陋，民居建筑多为茅屋、竹舍、泥瓦房。随着社会生产力的提高和经济的发展及受汉族、壮族的影响，瑶族民居建筑在汉族庭院建筑和壮族干栏建筑的基础上，结合瑶族地区的特点，创造了有本民族特色的庭院建筑、吊脚干栏、半楼居干栏等，建筑结构错落有致，变化丰富，别有一番情趣。

瑶族主要分布在五岭南北一带的山区。这一地区地域辽阔，山脉纵横，地形复杂，气候差别明显，加上各地瑶族社会经济文化发展的差异及受周边汉族、壮族的影响不同，最终导致了服饰文化上地域风格和特色的形成。放眼五岭南北，各地瑶族服饰虽然都五彩斑斓，但若细分起来，山上与山下，平坝和山区，山内与山外，服饰的式样和风格都各具特色。瑶族服饰正是以它鲜明的民族特色和地域风格所放射出的独特光彩，跻身于五彩缤纷的服饰世界，并引起人们的兴趣和关注。

瑶族是个能歌善舞的民族，其音乐舞蹈不仅极富民族特点，而且还是瑶族人民日常生活中不可缺少的精神食粮。走进瑶区，你不仅可以听到动人心弦的民歌、民乐，还可以看到奇特古朴的乐器，粗犷豪放的舞蹈。这些音乐舞蹈，有的是瑶族中原有的，有的是外民族传入的，有的是在与异族文化接触过程中融合形成的。

居住在大山中的瑶族，在许多山外人的心目中曾是那样的神秘和新奇，一些人甚至用猎奇的眼光去寻觅其奇风异俗，并把它无限放大，而忽略了其丰富多彩、悠久灿烂的文化。《走近中国少数民族丛书·瑶族》，将向广大读者全面展示瑶族源远流长的民族历史、独具风情的民俗民风、跨越时空的人生礼仪、绽放异彩的民族艺术、底蕴深厚的民族文化、徘徊不去的民间信仰、团结和谐的民族区域自治，让你感受山地民族的绚丽风采，领略其独具魅力的璀璨风情与文化精髓。

目录

第一章
源远流长的民族历史

在中国的南方，居住着一个历史文化悠久的民族——瑶族。在距今五六千年前，瑶族先民由黄河下游与长江中下游一带从北向南迁徙，历尽千辛万苦，来到湖南、广东、广西、云南、贵州、福建、江西一带居住，为祖国南疆的开发和统一的多民族国家的形成做出了重大的贡献。

从蚩尤到瑶族

瑶族的起源，最早可追溯到蚩尤时期。蚩尤是中国远古传说中的英雄人物之一，他与传说中的华夏族的炎、黄二帝是同时代人，距今五六千年。当时，在黄河下游与长江中下游之间的济水、淮水流域一带，有一个势力强大的九黎部落联盟。蚩尤部落则是九黎部落联盟的领导集团。

知识链接 **蚩尤** 《战国策·秦策一》高诱注曰："蚩尤，九黎民之君子也。"《史记·五帝本纪》"正义"引孔安国语曰："九黎君号蚩尤是也。"

活动在陕甘黄土高原上的炎帝神农氏部落集团和黄帝轩辕氏部落集团在沿黄河南北由西向东发展时，同蚩尤部落集团发生了接触。先是蚩尤和炎帝部落集团在今河北、山东一带发生了激烈的战争，结果炎帝败北。蚩尤又与东下的黄帝部落集团发生接触，并曾一度臣属于黄帝，后又产生矛盾，在涿鹿一带发生激战，结果炎、黄二帝联合作战，击败蚩尤。蚩尤部落集团失败后，一部分人臣服于炎、黄二帝，大部分人则向南迁徙，形成三苗。

建在山顶上的瑶寨

知识链接 **三苗** 《国语·楚语》曰："三苗，九黎之后也。"

三苗活动区域主要在江汉、江淮流域和长江中下游、洞庭、彭蠡之间的广阔地域。三苗部落联盟曾先后多次与以尧、舜、禹为代表的华夏集团进行过激战，最后被禹彻底击败。除部分三苗臣服外，大部分三苗部落联盟成员在洞庭、彭蠡一带形成荆蛮集团，他们和后来的瑶族关系极为密切。

知识链接 **荆蛮** （清）顾炎武《天下郡国利病书》卷103载："广东瑶、壮二种，瑶乃荆蛮，壮则旧越人也。"

先秦时期，在荆蛮地域内的楚人迅速崛起，建立了楚国，部分荆蛮被融为楚民，部分荆蛮则被迫向南、向西迁徙，形成后来的长沙武陵蛮、零陵蛮、桂阳蛮。其中，长沙武陵蛮与瑶族的关系极为密切。长沙武陵蛮是指秦汉时期居住在今湘江、资江、沅江流域和洞庭湖流域一带的少数民族，当时地属长沙武陵郡，故名。又因流经武陵郡的沅江有五条较大的支流——雄溪、樠溪、沅溪、酉溪、辰溪，又称五溪蛮。魏晋南北朝时，瑶族先民仍主要分布在湖南境内，时称"莫徭蛮"，他们是今天瑶、苗、畲族的先民。所以，学术界认为，苗、瑶、畲三族是同源的，他们都来自于九黎、三苗。大约在唐末宋初，居住在洞庭湖一带的长沙武陵蛮后裔莫徭分别向两广和贵州迁徙，进入两广的形成了瑶族；进入贵州的形成了苗族。后来，一部分称为"布努苗"的苗族从贵州进入桂西，与当地的瑶族融合成为瑶族，被称为"布努瑶"。这是瑶族的主要来源。

广西金秀盘瑶狩猎归来

除九黎、三苗外，瑶族在与各民族频繁交往的发展过程中，一部分汉族与瑶族接触后，同化成了

广西金秀山子瑶妇女挑稻谷回家

居住在大山深处的广西金秀花蓝瑶老人

瑶族，成为瑶族的一个来源。汉族融入瑶族的途径，一是为了逃避租赋、劳役、苛捐杂税，或因逃避战乱、灾荒进入瑶山，与瑶族长期居住在一起，“习俗嗜好皆同瑶人”，成为瑶族的一部分；二是经由通婚或接收养子女的途径成为瑶族；三是被封建统治阶级派往瑶族地区屯守的砦兵、堡兵、隘兵、耕兵的子孙后代，他们经过数代人的潜移默化后，融入瑶族社会，成为瑶族的一部分。除汉族外，还有部分壮侗语族的民族同化而成瑶族，构成瑶族的另一个来源。最具代表性的是广西金秀大瑶山的茶山瑶，其先民原是百越的一个分支，至今仍操壮侗语族侗水语支的一种方言（也有人认为是壮侗语族的一个独立语支），他们自明代从粤西北、贵州等地迁入广西大瑶山，与居住在当地的盘瑶、山子瑶、坳瑶、花蓝瑶长期交往，成为瑶族。

今天瑶族的各个支系，无论其来源如何，他们都自认是瑶族的一部分，均属于瑶族这个民族。

刀耕火种的山地民族

历史上，瑶族是个以山为伴的山地民族，早在《风俗通义》中就有“盘瓠得女，负而走入南山”，其子女“好入山壑，不乐平旷，帝顺其意，赐以名山广泽”的记载。此后许多古籍文献都有“依山险为居”；“生深山重溪中”，“居山谷间”；“所居皆深山重阻，人迹罕至”；“山谷弥远，瑶人弥多”等记载。他们大多散居在海拔1 000～2 000米的高山密林中，境内峰峦起伏，山高壑深。

知识链接 广西地方民谚说：“高山瑶，半山苗，汉人住平地，壮侗住山朝。”（山朝：广西方言，指两山之间的平坝或岽场）贵州民谚亦说：“布依住水边，水苗在中间，瑶族在山岭。”云南西双版纳民谚说：“汉族住街头，傣族住坝头，瑶族住山头。”

山地游耕农业

千百年来，瑶族人民在这种特定的生态环境下，为维持生存与发展，只得住山吃山，以山为伴，以山为生，在崇山峻岭之中开出一条求生发展之路，把自己锻炼成为一个举世闻名的山地民族，创造了独特的山地经济文化。

广西全州东山瑶族乡清水村瑶族薄膜育秧

广西全州东山瑶族乡清水村瑶族稻田

历史上，瑶族最早的农业是刀耕火种的山地游耕农业。这种以居山、耕山、迁徙不定的山地游耕农业在瑶族社会中持续了很

广西南丹白裤瑶砍柴刀和镰刀

久，直到20世纪中叶才逐渐消失。在这期间，部分瑶族在刀耕火种的同时，不断对耕地进行改造，或下山到平坝地区居住，改种旱田或水田；或是在耕山的同时间种经济林及经济作物，从事多种经营，使瑶族社会经济出现了较大的变化。秦汉之后，随着铁器的传入和农耕技术的传播，瑶族经济逐渐从采集、狩猎转向农耕，进入刀耕火种的游耕农业时代。

历史上，广西、广东、湖南、云南境内的瑶族长期过着迁徙不定的游耕生活。民族学调查资料表明，20世纪50年代前，瑶族中的盘瑶、过山瑶、山子瑶、白裤瑶等族群一直以刀耕火种的游耕农业为主要生活方式。每年冬天，人们就到山上去，用铁刀将荒山野岭上的树木草丛砍倒，让其自然干枯，再点火焚烧草木，然后到春天时就在灰烬上挖窝点种玉米。有的地方甚至还使用木制工具进行生产。在广西大瑶山、广西十万大山中心地区和都安瑶族自治县三只羊、大化瑶族自治县七百弄、巴马瑶族自治县的东山和西山等地区，民主改革前还普遍使用削尖的木棒打洞放种，然后用脚盖上泥土，或是在烧过的土地上直接撒播高粱、小米、荞麦等。除玉米在生长期间略除一次草外，其他作物多不除草，也不施肥，即坐待收成。这种粗放经营的刀耕火种，必然导致产量不高。

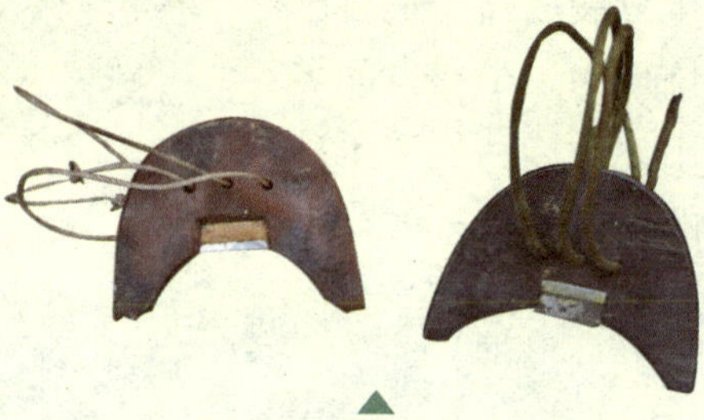

瑶族木制禾剪

知识链接 大化瑶族自治县七百弄民谣：“一把锄头一把刀，一根火柴放火烧；一把小米到处撒，满山遍野得一挑。”贵州省荔波县瑶族民谚：“春种一大片，秋收才一箩。”

贵州省荔波县瑶山乡瑶族直到20世纪80年代仍过着刀耕火种的游耕生活。云南省勐腊县曼乃乡马叽寨的瑶族，20世纪80年代前，仍保留着“桃树开花，瑶族搬家”的习俗，该寨瑶族农民陆大，在他这一代人里，由于受刀耕火种游耕农业的影响，已经搬了19次家。广西大瑶山六巷乡大岭村瑶族老人郑志才，在20世纪50年代前的46年生涯中，就曾搬家24次之多，平均两年多点就迁徙一次。

历史上，大多数瑶族之所以一直过着迁徙不定的游耕生活，其原因是复杂的。一是历代封建统治阶级的民族压迫与民族歧视，迫使瑶族从湖北、湖南不断向南与西南迁徙，“入山唯恐不深，入林唯恐不密”。二是耕地的减少与贫瘠。在刀耕火种的游耕生产方式下，人们不对地力进行任何改造，三五年后，地力耗尽或人口增加，只好迁徙。三是战争与动乱，迫使瑶族迁徙逃难。四是自然灾害与疾病。瑶族是个保留自然崇拜较多的民族，凡村寨瘟疫流行或发生火灾，均认为是神灵惩罚所致，需将村寨

▲

广西南丹白裤瑶妇女挑农家肥下田

广东连南瑶族壮男子田间休息

▼

云南金平金河镇干塘村水碓冲红头瑶老年妇女磨刀

广西南丹白裤瑶妇女劳动归来

迁移。

瑶族游耕农业生活，各地发展情况不一。瑶族游耕多是“食尽一山，则移一山”，不断地向远方迁徙。因地理环境的不同和受周边民族的影响不一样，各地瑶族游耕结束的时间也不一样。总的说来，湖南及桂东、桂北一带平坝地区的瑶族，生产力发展水平较高，明清之后逐渐走向定居，游耕生活结束较早；而桂西、桂西北、云贵一带，基本上到20世纪50年代才结束游耕生活。

游耕生活的影响

长期迁徙流动的游耕生活，对瑶族社会历史的发展产生了重大的影响。

第一，它使瑶族社会历史的发展始终没能形成一个政治、经济、文化中心。长期的迁徙流动，使瑶族形成了“大分散，小聚居”的分布局面，据不完全统计，到2010年，中国境内的279万余瑶族同胞竟分布在广西、广东、湖南、云南、贵州、福建、江西等省（自治区）的130多个县（自治县）、市里。直到20世纪60年代前，瑶族社会商品经济的发展极为缓慢，自给自足的自然经济仍在社会生产中占主导地位；瑶族地区基本上没有自己的民族市场、民族工业和民族商业；在瑶族内部，没有建立过强有力的民族政权机构；文化的发展比较缓慢，没有出现过统一的语言文字和文化繁荣。

▲

湖南常宁新田过山瑶房屋旁的菜园

第二，在瑶族中形成了众多的支系，各支系的文化发展都有自己的鲜明特色。由于长期的迁徙流动，居住分散，彼此之间山重水隔，互不来往或少于来往，各自为政，从而形成众多的支系。据不完全统计，瑶族自称20余种，他称达400多种。即使是按语言上的习惯分法，也可以分为瑶语支、苗语支、侗水语支和汉语方言等四大支系。瑶族内部之所以形成如此众多的支系，除历史和政治的原因外，刀耕火种的游耕生活是一个重要的原因，它使瑶族人民长期处于分散的迁徙游动中，既远离封建中央王朝，也远离故土，远离本土文化；同时，在迁徙游动的过程中，由于各自所处的生态环境不同，所受的毗邻民族的影响也不一样，从而使得各支系的瑶族在语言、风俗习惯、宗教信仰、民间文学、文化艺术、经济生活、社会发展的程度上都表现出不

▲

湖南常宁新田过山瑶男子抬木材下山

▲

广东连南八排瑶男子狩猎前准备

同的特点。

第三，造成了瑶族社会发展的不平衡性。长期的迁徙流动，使各支系的瑶族所处的生态环境、经济生活、政治生活、文化生活都不一样。一些和汉族接触较多的支系，如湘、桂、粤边界的平地瑶和桂东、桂中的部分盘瑶和茶山瑶，在汉族先进的经济文化的影响下，封建化的程度就高些；而一些与汉族接触较少的支系，如桂西、桂西北的布努瑶及广西十万大山的山子瑶，因其政治、经济、文化等方面的发展都受到当地条件的限制，受汉族先进经济文化的影响较弱，保留原始社会的特征就相对多一些，社会历史发展进程也相对缓慢。至20世纪50年代，中国境内瑶族社会发展，有的出现了资本主义的萌芽，有的已处于封建社会时代，有的还处于封建领主制时代，有的则还处于原始社会末期的发展阶段上，社会历史发展极不平衡。

第四，促进了民族之间的交流与融合。在长期的迁徙流动中，瑶族人民不断地和别的民族进行经济文化交流，互相交往，互相联系，互相学习，取长补短，促进了民族之间的融合。这种各民族之间同化和融合的结果，使得瑶族人们共同体的发展既含有本民族的

广西富川平地瑶秋收晾晒在外面的稻穗

传统文化因素和血缘，又渗入和吸收了外民族的优秀文化因素和血缘，“我中有你，你中有我”，从而使本民族得以繁荣壮大。

第五，使瑶族成为跨境民族。瑶族人民在进行刀耕火种的游耕农业时，总是向南和西南方向迁徙，最后走出了国界，进入越南、老挝、泰国等地的山区，后又进入欧美等国，成为跨境民族。

各具特色的瑶族称谓

自称

瑶族的自称很多。据有关学者调查，中国境内的瑶族自称主要有勉（或育勉）、董本优、土优、谷岗优、祝敦优勉、坳标、标曼（或敏优）、史门、标敏、交公勉、金门、甘迪门、藻敏、布努（或东努）、努努、布诺、瑙格劳（或包诺）、努茂、杯冬诺、炯奈、唔奈、巴哼（或巴哼迈）、优诺、拉珈、炳多优（或代奈江）、优念、珊介、优嘉等。其中“勉”“曼”“门”“敏”“努”“诺”“瑙”“奈”“迈”“拉”等，都是汉语的“人”的意思；“育”“优”“标”“藻”等相当于汉语“瑶”的意思；“珈”是汉语“山”的意思；“炳多优”相当于汉语的“平地瑶”；“优念”相当于“瑶人”；“珊介”相当于“山仔”；“优嘉”相当于“瑶家”。

广东乳源瑶族鼓乐迎客

广西贺州瑶族狩猎用的铁夹

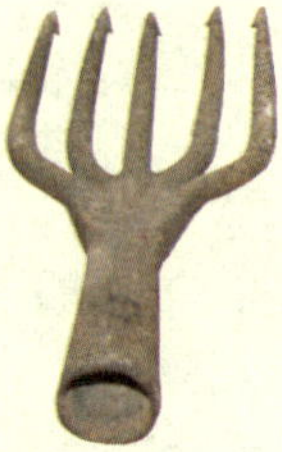

广西贺州瑶族鱼叉

他称

除自称外，瑶族还有他称。瑶族的他称有数百种之多，这些他称都是汉族和其他民族对瑶族的称呼，蕴含着十分丰富的文化内涵。这些他称，有的与宗教信仰有关，如“盘瑶”“盘古瑶”“盘王瑶”等；有的与经济生活有关，如“蓝靛瑶”“靛瑶”“背篓瑶”“过山瑶”“背陇瑶”“茶山瑶”“开山瑶”等；有的与封建政治制度有关，如“生瑶”“熟瑶”“良瑶”“番瑶”“蛮瑶”“粮瑶”“民瑶”等；有的与居住地有关，如“八排瑶”“东山瑶”“高山瑶”“平地瑶”“深山瑶”“山瑶”“岭祖瑶”“罗旁瑶”等；有的与服饰有关，如“白裤瑶”“长袍瑶”“红瑶”“青裤瑶”“花瑶”“箭瑶”“尖头瑶”“顶板瑶”等；有的与姓氏有关，如“十二姓瑶”“八姓瑶”“赵家瑶”“侯姓瑶”等。

瑶族的自称和他称虽然很多，但他们在长期的历史发展过程中都有着共同的经历和共同的命运，形成共同的文化心理素质。在长期的历史发展过程中，“瑶”始终是其民族的共称，瑶族始终是统一的、不可分割的民族共同体。

历史称谓

史学界认为，瑶族名称，最早见于唐初史学家所修撰的文

广西全州东山瑶族妇女采摘云雾茶

献。瑶族先民在南北朝以前与南方少数民族统称为“蛮”，或“荆蛮”“盘瓠蛮”“长沙蛮”“武陵蛮”“五溪蛮”等。南北朝时，出现了“莫徭”的称谓。唐人姚思廉的《梁书·张缵传》说：“零陵、衡阳等郡有莫徭蛮者，依山险为居，历政不宾服。”这是迄今为止，我们所见到的最早的瑶族名称。唐人长孙无忌的《隋书·地理志下》也说：“长沙郡又杂夷蜒，名曰莫徭，自云其先祖有功，常免徭役，故以为名。”此外，唐人杜甫游湘江时写过“莫徭射雁鸣桑弓”的诗句，唐人刘禹锡亦有《连州腊日观莫徭猎西山》诗。看来，“莫徭”是当时人们对瑶族的普遍称呼。宋代，人们将瑶族称之为“徭”“蛮徭”或“徭人”。

云南河口蓝靛瑶妇女上山采药

知识链接 **徭** （宋）周去非《岭外代答》卷3载：“徭人者，言其执徭役于中国也。”（元）脱脱等《宋史》卷495载：“广西所部二十五郡，三方邻溪峒，与蛮瑶黎杂处。”

元代封建统治阶级极力推行民族歧视和民族压迫政策，将瑶族视为低贱之民族，将之污称为“猺”。明清沿袭。民国期间，中国部分进步知识分子受西方资产阶级民主、平等思想的影响，将“猺”改为“傜”。中华人民共和国成立后，中国政府主张民族不分大小、一律平等，根据瑶族人民的意愿，改用“瑶”字，统称瑶族。

人口与迁徙

历史上，瑶族是个由北向南和向西南不断迁徙的民族。

瑶族的迁徙是一个渐进的、长期的过程。隋唐时期，瑶族先民自北向南迁徙，进入湖南后，主要分布在长沙、武陵、零陵、巴陵、桂阳、衡山、澧阳、熙平等郡，即今天的湖南大部分地区和广西东北部、广东北部山区。五代时期，湖南资江中、下游和湘黔之间的五溪地区仍有较多的瑶族先民居住。宋代，瑶族虽仍主要分布在湖南境内，但已有一定数量的瑶族向两广迁徙。荆湖北路的辰、沅、靖、岳、澧、鼎诸州，荆湖南路的九州之地，广东北部和广西东北部的韶州、连州、贺州、桂阳、郴州等地，都是瑶族的主要分布地区，广西静江府（今桂林）所属各县和融州（今融安、融水）等地，也有不少瑶族在活动。部分瑶族甚至进入桂西北。元代，瑶族因战乱被迫大量向南迁徙，深入两广腹地。明代，两广成为瑶族的主要分布地区。当时的广西，瑶族共

广西龙胜红瑶老年妇女

知识链接 **侯大苟与大藤峡瑶族起义** 侯大苟，男，广西桂平人，明代大藤峡瑶族起义领袖。明正统七年（1442），侯大苟参加蓝受式领导的大藤峡瑶族起义。蓝受式牺牲后，他领导起义军继续斗争，一度控制了两广的雷、廉、高、肇、韶、梧六府，还派起义军先后攻入湖南、江西的部分地区。明成化元年（1465）明王朝命韩雍为监督御史率官军16万人“进剿”大藤峡，侯大苟战败被俘遇难。起义军余部在侯郑昂等人领导下继续战斗。侯郑昂等人牺牲后，起义转入低潮。嘉靖年间，起义军在胡缘二等人领导下再次掀起斗争高潮，再次控制了黔江上下数百里的广大地区。嘉靖六年（1527），明王朝遂派王明阳以兵部尚书兼左都御史，总制两广、江西、湖广军务，率军镇压了大藤峡起义。嘉靖十六年（1537）大藤峡瑶族再次起义，明王朝命侍郎蔡经督兵征讨。嘉靖十八年（1539），起义军首领侯公丁被害，延续近百年的大藤峡瑶族起义最终失败。

◀ 广西南丹白裤瑶妇女跑纱归来

分布于7府48州县（长官司）中，瑶族人口已占全省总人口的十分之三，有的地方高达十分之七。广东的10府72州县中，有9府56州县有瑶族居住。广西的大藤峡和广东的罗旁山一带是瑶族聚居人口较多的地区。明代大藤峡瑶族起义和广东罗旁瑶族起义失败后，瑶族逐渐向西南地区迁徙。

明末清初，部分瑶族又从广东、广西向云南、贵州等西南地区迁徙。此后，中国南方6省（区）都有瑶族活动，其分布情况基本与今天瑶族分布情况相同，并形成“大分散，小聚居”的分布特点。

瑶族是我国人口较多的少数民族之一。据2010年全国第六次人口普查统计，全国共有瑶族2 796 003人，占全国总人口的0.2%；主要分布在广西、广东、湖南、云南、贵州、福建、江西等省区。

广西壮族自治区是全国瑶族人口最多的地区，据2010年全国第六次人口普查统计，广西壮族自治区有瑶族1 493 530人，占全国瑶族总人口的54%，其他分布在湖南省有瑶族713 191人，广东省有瑶族276 266人，云南省有瑶族219 914人，贵州省有瑶族40 879人，福建省有瑶族5 669人，江西省有瑶族2599人等。

▲

持鸟枪的广西南丹白裤瑶男子

2010年全国瑶族人口统计表

省份	自治州、市	辖区县（区）	人　数
广西壮族自治区	南宁市	青秀区	9 823人
		江南区	5 034人
		西乡塘区	14 772人
		马山县	31 591人
		上林县	21 117人
	柳州市	鹿寨县	8 281人
		融安县	5 842人
		融水苗族自治县	27 083人
		三江侗族自治县	10 741人
	桂林市	七星区	5 966人
		临桂区	15 535人
		灵川县	10 761人
		全州县	24 812人
		兴安县	8 269人
		永福县	8 454人
		灌阳县	17 564人
		平乐县	56 231人
		荔浦县	27 157人
		恭城瑶族自治县	148 088人
		龙胜各族自治县	27 856人
	梧州市	蒙山县	22 839人
	防城港市	防城区	23 548人
		上思县	10 609人
	百色市	右江区	12 339人
		田东县	14 837人
		平果县	18 326人
		德保县	5 420人

续表

省份	自治州、市	辖区县（区）	人　数
广西壮族自治区	百色市	凌云县	42 112人
		田林县	28 516人
		西林县	5 606人
	贺州市	八步区	26 720人
		昭平县	15 867人
		钟山县	34 134人
		富川瑶族自治县	140 145人
	河池市	金城江区	8 039人
		宜州市	30 467人
		南丹县	35 090人
		凤山县	13 799人
		东兰县	9 529人
		环江毛南族自治县	14 183人
		巴马瑶族自治县	40 952人
		都安瑶族自治县	113 727人
		大化瑶族自治县	83 745人
	来宾市	兴宾区	9 733人
		忻城县	6 361人
		金秀瑶族自治县	47 149人
	贵港市	桂平市	23 224人
		平南县	58 570人
湖南省	永州市	江华瑶族自治县	288 871人
		江永县	137 243人
		道县	28 887人
		新田县	17 284人
		蓝山县	14 005人
	郴州市	汝城县	51 935人

续表

省份	自治州、市	辖区县（区）	人　数
湖南省	怀化市	辰溪县	36 205人
		溆浦县	22 735人
	邵阳市	新宁县	16 226人
		洞口县	12 421人
广东省	清远市	连南瑶族自治县	70 053人
		连山壮族瑶族自治县	12 681人
		连县	4 318人
	韶关市	乳源瑶族自治县	21 027人
		始兴县	4 319人
	广州市	白云区	4 830人
		番禺区	4 498人
	深圳市	龙岗区	6 042人
		宝安区	14 930人
	佛山市	南海市	9 645人
		顺德区	7 822人
	阳江市	阳春县	4 525人
	惠州市	龙门县	7 066人
云南省	红河哈尼族彝族自治州	金平苗族瑶族傣族自治县	45 922人
		绿春县	9 257人
		河口瑶族自治县	24 013人
		元阳县	9157人
		红河县	2 749人
	文山壮族苗族自治州	富宁县	42 047人
		麻栗坡县	19 938人
		广南县	17 446人
		丘北县	3 244人
		马关县	2 038人

续表

省份	自治州、市	辖区县（区）	人　数
云南省	西双版纳傣族自治州	景洪市	3 364人
		勐腊县	18 746人
	普洱市	江城哈尼族彝族自治县	5 048人
		景东彝族自治县	4 455人
贵州省	黔东南苗族侗族自治州	从江县	5 844人
		榕江县	4 724人
		黎平县	4 458人
		麻江县	4 845人
	黔南州布依族苗族自治州	都匀市	2 681人
		荔波县	5 359人
		罗甸县	2 192人
	黔西南布依族苗族自治州	望谟县	2 040人
福建省	泉州市	晋江市	1 220人
		南安市	366人
		石狮市	332人
	厦门市	同安区	255人
		集美区	222人
		湖里区	206人
江西省	南昌市	新建县	115人
	赣州市	全南县	411人
	宜春市	上高县	222人
		靖安县	113人
	吉安市	峡江县	130人

第二章
跨越时空的人生礼仪

婚、丧、生、育，是绝大多数人都必须经历的人生旅程。但作为社会的人，人的婚丧生育并不是随心所欲的，必须受到社会习惯势力、经济生活水平、民族心理、宗教信仰等传统文化的制约，从而形成约定俗成、跨越时空的人生礼仪。

男女有别的生育观

“不落夫家”的生育习俗

瑶族妇女生育，除招郎上门的女子外，一般都要到夫家生育。在有“不落夫家”习俗的地区，已婚女子怀孕后，必须回夫家。如因某种原因赶不回夫家者，娘家给她在娘家屋旁边搭一间小茅屋，让她在那里分娩，待婴儿满月后，再回夫家。婴儿出生时，主家要插标为记，俗称“出世标”。

知识链接 **出世标** 广西大瑶山一带的花蓝瑶，每当婴儿降临人世时，做父亲的立即在屋前竖一根顶端插有一枝树尾或竹尾的杆子，以此标志生育。生男孩儿插山茶树尾，以示将来如山茶树一样挺拔、勇敢；生女孩儿插金竹尾，以示将来如金竹一样温柔、永葆青春活力。一旦谁家屋前竖起“出世标”，特别是晚婚晚育的头胎标，人们就会当作全寨人的大喜事，奔走相告，前往祝贺。广西都安瑶族自治县的布努瑶则用木炭涂柚木刀挂于门上为记。广西凌云一带的背篓瑶用青草扎一个小草人，再用小木棍穿起插在门前做标记。广西巴马瑶族摘一朵红色的鲜花插大门旁，无花季节挂一小块红布；生女孩插一朵白色的鲜花，无花季节挂一小块白布。

广西南丹白裤瑶的求子台

在广西都安、大化一带，过去不落夫家的妇女临产前，娘家要在后门设席供祭家神，请歌手唱《送女歌》。然后由女婿闭起眼睛剪断拦门的红、白、青3根彩线，带着妻子跨过一碗清水和一盏灯火，从后门出去，带着简单的生产工具和生活必需品，到野外的山洞去住，在山洞中生育小孩儿。待小孩儿出生满120天后，家公、家婆才去把媳妇、孙子接回家。回家时，请一位歌手在家门前祭家神，唱《迎孙歌》。然后把一个蒸笼放在门中，由歌手把孙子从门外递进去，家公、家婆在蒸笼的另一头将孙子接进屋，以示脱胎换骨，消灾脱难。人们认为，让新婚夫妇从怀有孩子时，就离开父母到山洞中过一段靠自己过活的日子，能培养新婚夫妇独自当家的生活能力。

广西南丹白裤瑶的求子花婆神位

“三朝”和安名

部分地区的瑶族还重视为婴儿做“三朝”和安名。广西巴马一带，婴儿出生满3天时，要请师公来打三朝，为婴儿赶邪驱鬼、净身除污、洁白入世、防病除病，增长小孩儿的胆量。云南蓝靛瑶称作三朝为“喃三朝”。一般在婴儿出生后的第三天上午举行。在诞生礼中主持祭献仪式的祭师为婴儿父母结婚时娶（迎）亲队伍中的负责人，由其主持祭神仪式。祭祀家先，告知家里增添人口；祭祀神灵，求其佑护婴儿。然后设筵席，为婴儿取小名，所取名字不能与村中在世或夭折的人及家中已逝去的先祖名字相同。过山瑶称之为“打三朝”。届时请师公前来主持，祭拜家先后，再为婴儿祷告天地，祈求天地之保佑。广西兴安显里一带瑶族，则在婴儿出生10多天后办“三朝酒”。届时，女方家的父母、舅妈等亲属带礼物前来庆贺，外婆通常送背带、小棉被、衣帽鞋袜、鸡、鸡蛋、酒、糖果、甜酒等这类的礼品，邻里之间则送鸡、鸡蛋等。

随着经济的发展，瑶族改变了送实物的习俗，越来越多的人喜欢拿红包前来恭贺。主家设宴款待娘家人和邻里乡亲，其中外婆是最大的“客人”，吃饭时坐靠近香火的“上席”位置。酒宴进行到一半时，主家会派两个已婚儿女双全的妇女，一人抱着婴儿，另一人手拿一个红茶盘，出来拜见客人。客人把红包放在红茶盘里，祝愿小孩儿能健康快乐地长大，有出息。礼金多少视个人的经济情况及与主家亲疏远近关系而定。以后，小孩儿每年生日这天，外婆、奶奶或妈妈都会煮鸡蛋给小孩儿吃，俗称“接尾巴”。

▲
瑶族度戒用的神像元始天尊

湘桂边界一带瑶族，新生儿出世后，女婿必须拿一只鸡，俗称“信鸡”，去外婆家报喜。“信鸡”如是公鸡，外婆就知道是生了男孩；如是母鸡，就知道是生了女孩儿。外婆将这只“信鸡”宰杀后分成若干块，用茶盘盛上，逐一分送叔伯婶娘，大家得了“信肉”，不但知道小孩儿的性别，还知道“三朝酒”的时间。到小孩儿出生第三天，外婆领着婶娘等“外家人”，带着蛋、鸡、甜酒等礼品，前去看望女儿和外孙，故地方民谚说：“三朝外婆酒，狗都赶不走。”

成年礼

瑶族成年礼，男女有别，各地不尽相同。

男子成年礼——度戒仪式 一般说来，大多数男子是以经过度戒仪式为成年标志。广西大瑶山一带的茶山瑶把度戒看成是个人一生中最重要的事件之一，是一种专属男性的成年礼仪式，一般在15～17岁时举行，极少有超过17岁的。云南等地的蓝靛瑶、大板瑶、山子瑶，一般都在15岁左右举行，最大的不能超过25岁，26岁后再没资格参加度戒了。经过度戒，取得法名，接受戒律，才被正式承认为成年人，编入瑶族的族籍，列入族谱的名册。否则被认为不是“瑶家”人，没有社会地位。

瑶族度戒中的挂三星灯 ▶

广西临桂县盘瑶也认为，凡瑶家男性青少年都必须经过一次度戒仪式，经历民族历史教育，自觉地接受度戒中的规范传授，承认且虔诚信守，并盖章画押，具结保证，永不违背誓言。只有履行这一度戒仪式的青少年，才被公认为盘瑶的真正后代，才能传宗接代，才能受本民族人民的尊敬和爱戴。凡不履行度戒仪式的男子，不算是真正的瑶家人，死后会沦为死鬼无人供奉。故盘瑶的度戒仪式又称“承宗仪式”。所以，瑶族男子过去大多要举行度戒仪式。度戒仪式所需费用较大，时间较长，有的地方三天

云南河口蓝靛瑶度戒祭祀仪式

三夜不停地做，有的地方为七天七夜，需要一定的人力、物力、财力和时间，不能经常举行。故近数十年来，度戒者的年龄限制有所放松，每次度戒活动，都有一些小于15岁的少年或大于25岁的但未度戒的人参加。时间多在每年农历十二月或正月。

瑶族度戒可分为度道和度师。度道，瑶语称“斋道”，意为武度；度师，瑶语称“斋腮”，意为文度。一般说来，度道或度师，以家中男孩儿多少而定。云南瑶族，独生子既度道，又度师，以示文武双全；有两个儿子，则一个度道，一个度师，表示一文一武，有三个以上的，多数度道，少数度师。一般说来，度道时间较长，师父多，仪式较为隆重，要求较严格。度师时间较短，师父少，仪式较简单。每次举行仪式，受度人数不拘，既可单人举行，也可集体举行。决定度道或度师后，便由家人陪同，择吉日携酒、鸡等物去拜师父，然后择定时间举行度戒仪式。凡参加度戒者，在度戒前要严格斋禁49天，斋禁期间不能吃荤，不能做坏事，不能同妇女调笑，出门须戴竹笠，走路须垂头，不能看天，甚至不能踩死蚂蚁等有生命的东西。

云南河口蓝靛瑶度戒跳云台

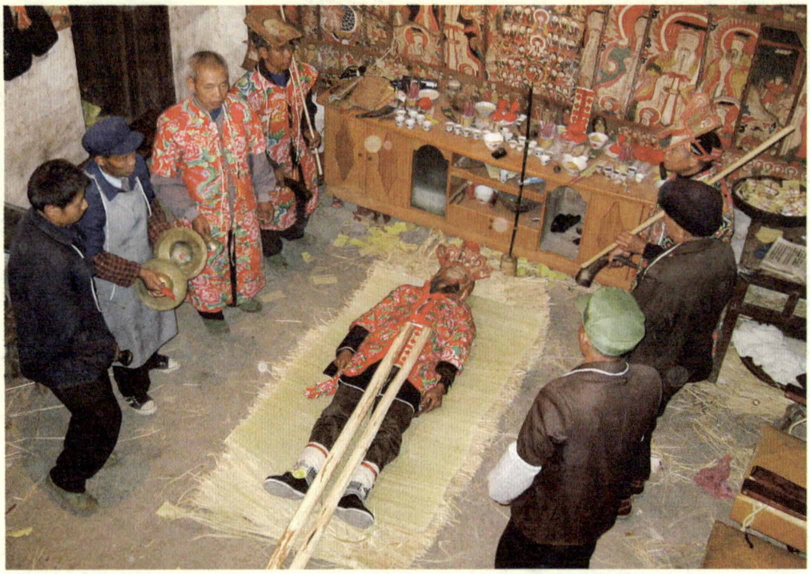

瑶族宗教仪式中的睡阴床

度戒时，由师公或道公到受戒者家堂屋设戒堂，又称“戒坛”或“花坛”。先由师公或道公诵经解秽，宣布封斋：凡成年人、主人及在场一切帮忙人员均需沐浴净身，不得回家，不得夫妇同房，男女人员统一分别在主人家连铺集体住宿；不得吃荤；不得打情逗俏；不得走出主家大门，外姓不参加度戒人员不得进主家之门，外族人不得进村。进行度戒时，除了要举行请神、酬神、乐神、送神仪式外，受戒者还要学习祭神的一些做法和做人的经验，要经受若干种危险而又痛苦的考验。如睡阴床、上刀山、过火海等，让受戒者睡木床、赤脚登刀梯、赤脚在烧红的火砖上行走，以锻炼受戒者的意志。

知识链接 近现代以来，云南和广西的蓝靛瑶将度戒时的考验简化为“跳云台”。用4根长木搭成高4~6米的“云台”，云台上铺木板，在其中的两根长木上绑横木为梯。受戒者在师公引导下爬上云台，经师公念经请神，受戒者发誓：不杀人、不放火、不偷盗、不抢劫、不欺负妇女、不虐待父母、不陷害好人等。誓毕，师公将火置于水碗中，以示如有违约，将不得好报。随后，受戒者两手抱膝，从云台上倒翻跳下。当其落入铺有棉胎或稻草的藤网中后，人们便把他连网一起抬起，绕云台走3圈，以示完成度戒。周围围观的人们及其家人随之欢呼，以示对其祝贺。

女子成年礼 和男子的成年礼相比，女子的成年礼要简单得多。广西贺州一带的土瑶女子，长到十四五岁时，父母亲就为她制作木皮帽。将油桐树剥皮，做成圆筒形木皮帽。用黄栀子将白纸染黄贴于木皮外表，再在纸上画黑白相间或黄绿相间、宽度一致的竖线。在制作木帽的同时，父母亲还在正屋外用木板为女儿搭一间小木房，屋内空间较窄，仅容一床一桌，供姑娘与情人幽会，俗称“情人房”。一切准备就绪，父母亲便为女儿举行“成人礼”。由母亲当众姑娘的面把女儿所戴的绣花绒帽脱下，将头上四周的长发削掉，仅留头顶一小束。将木帽戴于女儿头上，帽顶覆盖数条毛巾。从此，姑娘便可搬入“情人房”居住，取得成人社交的权利与自由。

云南省绿春县蓝靛瑶女子长到15岁时，便由女友帮铰去眉毛，理齐鬓角和后颈发角，再戴上一顶标志成人的帽子，就算完成了成年礼仪。此后，姑娘便可随姐妹参加社交活动。广东龙门县蓝田瑶族女子以“舞火狗”活动为成年礼，任何一名女子都必须连续参加3次“舞火狗”活动，才能取得谈情说爱的资格。

情趣各异的婚姻

以歌为媒 娶妻嫁女

瑶族支系较多，分布较广，各地的婚姻都有自己的文化特色。在瑶族中，以歌为媒，通过对歌来物色对象较为普遍。

广西大瑶山一带的瑶族每逢节日喜庆和劳动过后，未婚男女青年喜欢聚集在一起，通过对歌谈情说爱；或在每年的集体春插和迎神赛会时以歌入手，相互认识；或在每年夏历腊月十五至正月十五村里开放“正月屋”时，在正月屋里以歌为媒，向异性求爱。

云南河口瑶山蓝靛瑶农历三月三村口红线拦路对歌

广西南丹白裤瑶青年恋爱时，一般是女方主动。当一个姑娘看中某个小伙子时，就主动地唱细话歌向对

广西巴马东山番瑶婚宴

广西巴马番瑶女子挑红蛋送亲

广西巴马番瑶酒敬亲家

方求爱。双方轻声细语，交流爱慕之情。一些大胆调皮的姑娘，还邀请同村姐妹一起去抢小伙子的腰带或银手镯，如这小伙子也有意，则任其抢去，否则无论如何也要想方设法将自己的东西抢回。

广西德保一带的部分瑶族青年看中某个姑娘时，就到该姑娘住的村头唱“求进村”山歌，女方父母则答歌“考男子”，如小伙子唱得好，对答如流，就请他到门前对唱。小伙子再展歌喉唱“求进门”山歌，女方父母再答歌。若小伙子对歌对得好，女方父母便让他进门与姑娘对歌，谈情说爱。情投意合者，双方悄悄出门，在村头岔路口烧一炷香，拜别女方父母，行至男方家结为夫妻，3日后方回娘家认亲。

广西巴马一带的蓝靛瑶，每年三月三对歌前，先以一个村全体未婚男青年的名义向另一个村全体未婚女青年发出对歌邀请，经对方全体女青年商议并取得村中父老的支持、同意后，双方约定对歌时间、地点，届时共同直奔相约地点，互相对歌。然后双方再拉开距离抛绣球。经对歌、抛绣球接触后，如姑娘看中某一

广东连南瑶族男子吹响牛角迎宾

男子，便掏出特制的绣球抛向意中人表示心意。经多次对歌考察对方的才能，若双方有意，小伙子便可以绣球为信物，派人求亲。

广东连南排瑶将男女青年唱歌恋爱称为“讴沙瑶”。小伙子看

广西富川平地瑶接亲

中某个姑娘时，便怀揣耳环、银簪等信物，乘夜色到姑娘住屋旁的窗前唱情歌，诉说自己的家门身世，倾吐对姑娘的爱慕之情，表白自己的勤劳能干，描绘和姑娘结成伴侣后相亲相爱的幸福生活，直唱到窗内传出姑娘的对唱歌声。经双方对唱有意，姑娘就走出家门与小伙子交换信物，然后禀告双方父母，便可请媒求婚。

广西富川平地瑶送亲

云南勐腊地区的瑶族，男女青年常于夜晚汇集于约定的地方对歌。对歌时，姑娘用伞遮住脸，不让小伙子窥视。双方凭借山歌了解对方的为人，情投意合者，姑娘才会让小伙子拿开遮脸的伞，认识庐山真面目。

云南绿春县的蓝靛瑶，每年秋收后，未婚青年就背米外出串情人，一群同性的青年按事先的约定来到某个瑶寨，该寨的异性未婚青年则于规定的屋里备酒、肉、烟款待。宴席上，客人先唱赞美主人的山歌，然后主、客之间你唱我答，互相诘难，交流感情。坠入爱河者，双双走出村寨，觅幽静之处倾吐心中的爱慕，并

贵州麻江瑶族绣花鞋

知识链接 **咬手** 咬手有一定的规矩，必须咬在手背上，但又不能咬在凸起的骨节处；咬的轻重也有讲究，咬重了被说是狗咬的，咬轻了又被视为对情人的爱意不深。

广西富川瑶族新郎新娘

按当地习俗，男女双方互往对方的手上咬一口，以此为爱的见证。

广西大瑶山一带的茶山瑶，大部分人的住房为干栏式建筑，大门侧上方设置一吊楼，姑娘成年时，就搬到吊楼旁的卧室上去住。晚上，姑娘们三五成群地聚集在吊楼旁的卧室内，一边绣花，一边唱香哩歌；小伙子看中某个姑娘时，便邀伙伴于夜阑人静之时到姑娘住的吊楼下唱香哩歌求爱。姑娘从歌声中知道自己的意中人来了，就打开吊楼房门，让情人爬楼进门，有时姑娘还会拉他一把，助其上楼。经过多次对歌接触，双方感情加深。天长日久，夜间来这个吊楼的人越来越少，最后只剩下这对情侣，双方便互赠信物，以定终身，俗称“爬楼”。

瑶家儿女　谈情说爱

除对歌外，各地瑶族还有各种不同的恋爱活动。

广西巴马一带的番瑶，男女青年恋爱以烟叶为信物。姑娘看中某个小伙子时，便用一块绣花头巾包烟叶，外面用红线捆绑，敬赠小伙子。小伙子如亦有意，便以数倍的烟叶回赠女方。

广西德保一带的部分瑶族，男青年看中某个姑娘后，便用两个葫芦装满酒，再买几斤猪肉，请媒人拿去女方家求亲。媒人将葫芦和肉挂在女家屋旁的篱笆上，如女方家不同意，就悄悄将葫芦捅破，让酒漏光；如同意，便将酒肉提回家。

广西融水一带的红瑶，每年秋收后，小伙子们便拿芦笙走村串寨。进村前，先吹一轮芦笙，家有未嫁女的父母便会将小伙子们请进家门，并设宴招待。当晚，村中姑娘纷纷聚集于客人住宿的人家中，待这家的老人、小孩儿睡后，与客人一起围坐在火塘边，唱歌谈情。男青年如看中某人，便请同来的好友代向姑娘讨花带。姑娘如亦中意，两人便坐到一边交谈。经“乞讨花带”后，未找到对象的男女青年便纷纷离去，剩下若干对男女青年继续在火塘旁谈情说爱，天亮方散。数天后，这群男青年又赶到别的寨子，帮未找到对象的小伙子找对象，俗称“相妹仔”。

▲

戴绒帽的广西贺州土瑶未婚少女

广西金秀花蓝瑶男女青年吹树叶情歌 ▶

广西金秀花蓝瑶送新娘 ▶

融水元宝山一带的瑶族则用春节期间“吃同年”的机会谈情说爱。如果一个小伙子看上了村中某个姑娘，便趁“吃同年”的机会，晚上来到姑娘住的木楼前吹芦笙，用充满柔情的曲调诉说蕴藏在心中的爱慕之情。姑娘听到芦笙响，伸头张望，如是意中人，便唱歌请小伙子进屋；如不中意，便冲对方笑笑，点点头，转身回房中，小伙子便知趣地走开。如小伙子执意要进姑娘的家，姑娘和家人也会热情招待。第二天，吹芦笙后，主、客两寨人集

知识链接 **“吃同年”** 即一个村寨的人集体到另一个村寨去做客，时间多在春节期间。

体欢宴。先由寨老唱歌，对男女青年进行族史、族规教育，然后双方喝酒。小伙子们便趁机拿酒去敬自己看中的姑娘，姑娘对不是意中人的酒只略舔一舔，只有意中人的酒才一饮而尽。这时，别的小伙子都来向这位小伙子祝福，姑娘们也围上来向这位姑娘道喜，大家都为他们的幸福干一杯。别的爱慕者则自觉地退出追求的行列。如敬酒的小伙子中没有自己看中的人，或没有后生来给自己敬酒，姑娘便低头喝干自己杯中的酒，众人亦举杯喝干自己杯中的酒，以示对她的理解和同情。

▲ 广西金秀瑶族送亲

广西田林一带的木柄瑶用“打花猫”的方式谈恋爱。当村寨中某家喜事临门时，全村男女老少都前往聚会、帮忙。小伙子和姑娘则趁此机会寻找意中人。当某人看中另一人时，就用手在锅底抹一把锅灰，出其不意地抹到对方的脸上，然后笑嘻嘻地跑开。如对方也有意，便也用手抹一把锅灰去追，双方打闹追逐到村外的竹丛树林中，脸上都抹成大花猫状。一段姻缘就在这欢乐的游戏中打下基础。

广西桂南一带的瑶族，男青年看上姑娘后，就在一节约20厘米长的竹筒上雕刻图案花纹，俗称“爱情信箱”。将一颗相思豆

广西田林蓝靛瑶男女青年谈情说爱

请喝一碗寨门酒

装入竹筒，乘夜色悄悄放于所爱姑娘窗前。3天后，男青年去取回竹筒，如筒内增多一颗相思豆，那便意味着姑娘也有意；如仅一颗，便意味着姑娘不接受男青年的求爱，这男子只好另选意中人，重新准备“恋爱信”。如爱情成熟，可以商量结婚的事，男青年就将两片鲜嫩的树叶面对面对合在一起，放入竹筒，上面再放一块小石头“寄”给姑娘，表示要和姑娘组成家庭，心贴心地生活，希望爱情像绿叶一样翠绿长青，海枯石烂心不变。姑娘“寄”回一棵小小的含羞草和几粒稻谷或玉米，表示答应男青年的要求。

湖南江华一带的瑶族姑娘，逢节假日或圩日，常提小竹篮上街。小伙子看中姑娘时，便乘其“不备”抢走竹篮，买些点心装入竹篮中，请姑娘到偏僻处吃点心、唱山歌，并约定下次相会日期。到时姑娘仍提竹篮赴会，小伙子再次抢走竹篮，如姑娘有意，就在竹篮中放双布鞋。经多次接触，双方感情加深，小伙子便挑两个特制的大“爷粑”和“娘粑”，到姑娘家求婚。

贵州荔波一带的青裤瑶，姑娘到了谈恋爱的年龄，父母亲便将她的寝室安排在大门旁，床头朝街。在床头旁的板壁上凿一小洞，当地瑶族称之“跟侣”，当地汉族称之“谈婚洞”或“求婚洞”。小伙子乘夜阑人静之时吹笛奏琴，来到姑娘家门前，用棍子从洞口捅醒睡在床上的姑娘，双方隔着板壁，通过“求婚洞”谈情说爱。情投意合者，方可开门请小伙子进屋围火塘就座，互赠信物，定下百年之好。

▲

广西金秀瑶族绣袋

▲

广西金秀瑶族花布鞋

招郎入赘

瑶族婚姻，既可娶妻，也可招郎入赘。娶妻与其他民族大致相同，招郎入赘则别有情趣，其方式主要有“上门顶两头”“断亲不断种、后代须留根”“上门养老送终”“上门还礼金”“上门还酒礼”等。

◀ 广西贺州土瑶婚礼上盛装的新郎新娘

上门顶两头 即男子到女方家上门为婿，从妻居住，但不改变姓氏，女方家的神龛同时供奉两家祖先的灵位，双方各祭自己的祖先。婚后所生的子女由夫妻“平分”，一般是大儿或大女随母姓，二儿或二女随父姓，依此类推。在广西灌阳、全州一带，瑶族男子上门入赘后，不用再改从妻姓，所生子女，兄妹从母姓，弟妹从父姓。广西桂平、金秀等地的部分瑶族甚至通过写“结婚合同书”的方式，明文规定夫妻婚后所生育的子女、劳动所得的家产，均要双方平分，夫妻双方的双亲老年赡养、送终，也由双方共同负担。

断亲不断种、后代须留根 即男子上门到女方家为婿，并改

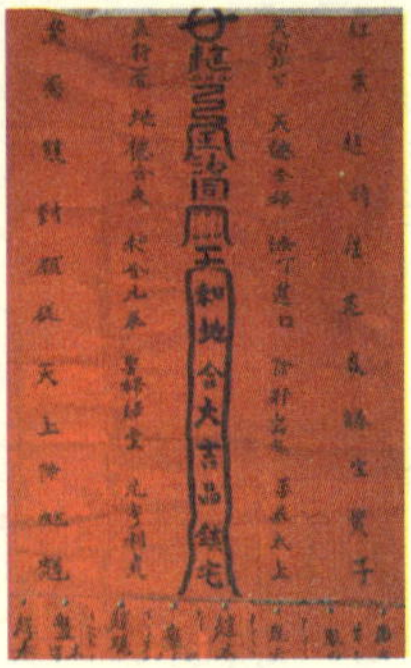

▲

广西贺州瑶族婚礼上的符箓

从妻姓，但婚后所生育的子女，必须留一个随夫家原父姓，以继承男方家的宗祧。在这两种婚姻家庭中，子女世系的计算既有母系，也有父系，世系的计算较为复杂。

上门养老送终 主要表现为男子到女子家上门为婿，但不改姓，婚后所生子女全随父姓。上门期间，夫妻劳动收入归女方父母所有，共同奉养女方父母，为女方父母养老送终。待女方父母逝世后，夫妻二人便可携带子女迁回男方原来的村寨居住，也可继续留在女方家居住。女方父母的遗产由上门女婿继承。

上门还礼金 多发生于生活较贫困的男方家，新郎因无力支付新娘的礼金，只好到新娘家上门为女婿，以劳动来偿还礼金。在泰国瑶族地区，上门还礼金的年限有5年、6年和12年之分，具体时间由女方家定。如女方家经济条件较好，岳父对女婿也满意，上门的年限就短些；反之，上门的年限则长些。女婿如未能按女方家的要求，上门未住满年限就走，则按实际劳动的年限来计算，做多少工，就减去多少礼金，剩余部分则需要立即交清。只有将所欠礼金全部交清后，女婿方能带走妻子、儿女。如女婿上门未住满年限就走，又无力还清所欠礼金，就必须将所生子女留在岳父家。如是女孩儿，将来就嫁给舅舅之子为妻；如是男孩儿，则随岳父姓，做岳父的孙子。

广西贺州瑶族绣花鞋 ▶

上门还酒礼 主要表现为男方家已支付女方家的礼金，但无力再承办宴席，女方家婚宴的钱由岳父支付。因此，男子必须到女方家劳动二三年，以工抵债。“上门还酒礼”期间，女婿及其妻子的一切劳动所得全归岳父所有，岳父只供女婿夫妇及其子女的吃、住。女婿夫妇及其子女平时红白喜事等所需的零用钱，全由女婿自己利用空闲时间做工解决。上门期满，女婿可携带妻子、子女回家。

出嫁与迎亲

瑶族结婚，无论是嫁女，还是男子上门入赘，结婚之日，都要由家中长辈和兄弟姐妹、亲朋好友组成送亲队伍，陪送新娘或

◀ 广西全州东山上塘瑶族走亲家

女婿出门。广西富川一带，女子出嫁前，先由新娘和伴娘唱哭嫁歌，然后正式摆歌堂，通宵唱歌，次日清晨方出门。云南文山一带瑶族嫁女，需由同胞兄弟或堂兄弟将新娘背出家门，再交给男方家的迎亲队伍。广东连南一带，出嫁的女子要倒穿草鞋走出堂屋，并向父母亲哭别，以示难忘养育之恩。出家门后，由师公给一把贴有“避邪符”的太阳伞给新娘遮身，送亲人挑嫁妆陪送。新郎和伴郎在前面引路。每逢过桥、涉水，新娘便坐在桥头或河边不走，要新郎背着过桥、过河。广西都安、大化一带，新郎和男方家的迎亲队伍要到新娘的闺房前接亲，女方家将门帘垂下，从门帘中伸出数双手，叫新郎抓。如抓错，不仅遭到姑娘们的嘲笑，而且还会被姑娘们用小木棍敲手，或将东西甩到新郎身上，直到新郎抓住新娘的手，才让男方家的妇女将新娘引出闺房，迎回新郎家成亲。广西桂平木山瑶族，接亲时，双方家庭开会商议，订《尊老爱幼公约》，新郎、新娘捧香茶谢众人后，便启程回男方家。

知识链接 **火把接新娘** 广西金秀茶山瑶女子出嫁多在半夜，由男方家派房族兄弟4~6人半夜点火把赶到女方家，吃顿“领情饭”，点火把将新娘及伴娘悄悄带到男方家。贵州荔波青裤瑶，结婚前一天，由男方的兄弟姐妹拿一双鞋来迎亲，半夜时点火把将新娘接走，天亮前到家，略备酒饭待客，便算成婚。

湖南常宁新田过山瑶走亲戚

瑶族结婚时间大多选在秋收后，婚礼一般在娶方家举行。结婚时，大部分瑶族都要举行拜堂仪式。新郎、新娘先拜天地、祖宗神灵，然后拜新郎、新娘父母，再拜长辈亲戚、亲朋好友。每次仅能拜8人，由新郎、新娘行12次跪拜礼。家庭富有的婚宴，规模较大，来客较多，拜堂时间较长，有时通宵达旦。广西金秀茶山瑶的婚礼则十分简朴，半夜时分，由新郎的兄弟姐妹和媒人点火把将新娘接进家后，备一桌饭菜，全家人吃一餐简单的婚宴，婚礼即告结束。次日清晨，新婚夫妇双双扛锄头下地劳动，村民方知村寨又添新人。广西三江一带的瑶族婚礼也很简单，筵席上只备三五碗猪肉炒蔬菜、一碗汤即可，但酒要给客人喝够。广西贺州瑶族婚礼，新娘父母吃的那一台筵席要多加一碗瘦肉，意为其养女辛苦，夫家特设一碗瘦肉孝敬。婚宴开始前，还要专为新郎、新娘的父母及双方最亲的亲戚设一台酒席，俗称“踏房桌”或“亲家会面桌”，两家亲人在桌上边喝酒边商量如何对新婚夫妇进行教育，以及财产、姓氏继承等问题。

古朴悲壮的丧葬

瑶族对死者尸体处理的方法很多，但归纳起来主要有两种：一种是把尸体销毁，如火葬；一种是把尸体尽量保存，如岩葬、树葬、土葬。前者认为只有早日销毁尸体，灵魂才能尽快到达阴间，早日与祖先灵魂团聚。后者则认为只有尽可能长久地保护尸体，才使灵魂有所依托。究其根源，都是灵魂崇拜的观念在起作用。人们认为人死后，灵魂依然存在，它具有超自然的能力，可以对活人起危害和保护的作用。为了使活人生活安宁，人们便根据自己的生活环境、宗教信仰、经济条件，用各种不同的葬式来安葬死者。

树葬

树葬又称“挂葬”“风葬”，即将死者的尸体置于旷野深山的大树上，任其自然腐化。瑶族行树葬的历史，最早可追溯到隋代。《隋书·地理志下》记瑶族先民“莫徭”事说：“传云盘瓠初死，置之于树。”宋人朱辅《溪蛮丛笑》记瑶族先民五溪蛮丧葬事说，其人死，先将死者葬入土中，待若干年后再捡骨，“易以小函，或枷崖屋，或挂大木，风霜剥落皆置不问，名曰葬堂”。这种葬俗，直到20世纪50年代仍在广西大瑶山一带的茶山瑶和花蓝瑶中残存。他们认为，冥冥间有一个管理人类生育的“花神婆”，所以，婴儿出生后，必须举行一定的祭祀仪式酬谢“花神婆”，俗称“还花”。凡未经“还花”而死的小孩儿，必须将死者的尸体用破絮、破布、烂衣或棕皮包裹起来，置于竹筐中，请道公念经“开路”后，便到村旁附近的山上选一株较大的树，将竹筐挂在树枝上，任其自然腐烂。让他的灵魂回到“花神婆”那里，重新投胎。

广东连南南岗排瑶石棺墓

岩葬

岩葬是将棺木放置高岩的一种葬式。有的将棺木放置天然岩

广西金秀茶山瑶丧葬

穴中，有的在悬崖上打桩置棺其上，有的凿岩穴纳棺其中。瑶族是我国实行岩葬时间较长的民族之一。早在隋代，就有关于瑶族先民“莫徭”行岩葬的记载。《隋书·地理志下》说，瑶族先民莫徭，“始死，置尸馆舍，邻里少年，各持弓箭，绕尸而歌，以箭扣弓为节……歌数十阕，乃衣衾棺殓，送往山林，别为庐舍，安置棺柩。亦有于村侧瘗之，待二三十丧，总葬石窟。”唐人张鷟《朝野佥载》卷2也追记说：

五溪蛮父母死，于村外搁其尸，三年而葬。打鼓路歌，亲属饮宴，舞戏一月余日。尽产为棺，于临江高山半肋凿龛以葬之。自山上悬索下柩，弥高者以为至孝，即终身不复祭祀。

唐宋之后，瑶族开始大批向两广和云贵等边疆地区迁徙，从而把这一葬式也带到这一地区。清代道光《庆远府志》卷3说：

南丹有一种瑶人，亲死不瘗，置棺岩穴间。其家再有人死，则另覆其骨于别棺，取原棺回殓，复置岩间，覆骨遇翁与媳，隔

广西南丹白裤瑶打铜鼓祭丧

之以布。棺满又置一棺，相沿成俗。家各一棺，村各一岩，不相混杂。

广西南丹白裤瑶砍牛祭丧

清人爱必达《黔南识略》卷11说，荔波县瑶庆里瑶六寨黑瑶“人死殓以棺，置洞不葬”。贵州省荔波县瑶麓瑶族乡瑶族至今仍行岩洞葬。人死殓尸入棺，抬到山上的岩洞中去放，以后就可以不管。瑶麓现在仍有5个放置棺木的岩洞，供人们安葬。哪个村的人死了，棺木放在哪个岩洞，都有一定的规矩，不能乱放置在其他家族的岩洞中。

火葬

瑶族历史上实行过火葬，至今仍有遗俗。清代乾隆《庆远府志》卷10说：

南丹、东兰瑶、僮，亲死俱火化。择头额骨、手指骨、脚膝骨，以小罐贮而瘗之，余俱不收矣。十余日后，就焚化处掘土乱埋，不祭扫。忻城亦如此，而骨则全收。

广西南丹白裤瑶丧礼中的哭丧

广西南丹白裤瑶丧葬哭丧

刘锡蕃《岭表纪蛮》记瑶人事说：

红瑶、狗瑶诸族，盛行火葬。架薪满圹，舁尸薪上，薪燃尸化，仍以土掩之。

广西容县瑶族：

人死则焚其骸，收烬置瓮中瘗之，谓之火葬。

民国年间，云南马关县瑶族：

父母死，以火焚尸，捡骨置瓦器，以便迁徙。

直到现在，广西大瑶山一带的茶山瑶仍流行火葬。人死殓尸入棺，抬到离村一二公里外的山坡上，置干柴于棺下，请道公作法祭神后即放火焚棺。待棺木与尸体化为灰烬，死者亲属就把死者的头颅、胸、四肢等部位的骨灰各捡一些装入一陶罐中，然后择地而葬。其余的骨灰，则在火葬处就地掩埋。云南省勐腊一带的蓝靛瑶，将死者灵柩抬到墓地后，放在柴堆上焚化。火化后的第三天早上，再到火化处拾骨灰，将其装入陶罐后，埋在火化处的中心。麻栗坡、马关、西畴一带的蓝靛瑶，将死者灵柩抬到墓地后，先由道公诵经为其超度，道公点火烧棺后，众人即转身回家。三天后方去捡骨灰入罐内埋葬。

土葬

土葬是瑶族现在普遍流行的一种葬式，其中又有一次葬与二次葬之分。瑶族土葬大多是垒土为坟，但也有的地方是将死者下葬后，不垒土为墓，而是以种树埋石为标记。

◀ 广西南丹白裤瑶下葬

实行一次葬的瑶族，土葬之后，以后每年定期祭祀即可，不再移动死者的尸骨。但行二次葬的瑶族却认为，只有当死者的肉体完全腐烂后，死者才不能借尸还魂，从而与活人彻底告别，到阴间去与祖先共同生活。所以，行二次葬的瑶族在下葬3年后就掘墓开棺捡骨，将粘在骨骸上的腐肉刮掉，然后用白酒、草纸等物将骨骸擦洗干净，装入事先准备好的陶瓮中，重新下葬。

除了鬼魂崇拜思想的影响外，二次葬的产生和瑶族的经济生产活动也有很大关系。广西南丹白裤瑶，凡春秋二季死亡者，家人往往是在家里的火塘旁或屋檐下挖个坑，暂时埋葬，待秋后选好日子，才将棺木挖出来，正式下葬。当地瑶族认为，开春打雷后，没有好日子了，不能打铜鼓，也不能下葬。贵州省黎平县和从江县的红瑶则认为，春分后至秋收前是农作物播种和生长季节，这段时间动土埋人会惊动龙脉，使收成减少。去掉这些说法中的宗教信仰成分和迷信成分，我们可以看到，人们担心的是农作物的收成，因为春分到秋收这段时间，是农活最忙的时候，人们都忙于耕作，没有过多的时间和精力来举办隆重的丧葬礼仪；同时，这段时间也是农村青黄不接的时候，人们没有足够的经济能力来操办丧事。

知识链接 **停棺捡骨葬** 广西金秀花蓝瑶和坳瑶，人死殓尸入棺，抬到村边路旁的山坡上停放，棺上用茅草或杉树皮搭一个临时性的简陋棚，用以遮盖棺木。二三年后，待死者肌肉全腐化时，再请师公作法开棺捡骨，装入陶瓮，择地而葬。

第三章
徘徊不去的民间信仰

宗教是人类社会的一种普遍现象。它早在瑶族先民进入文明门槛之前就已悄然产生于人们的精神活动过程中。从那时到现在，斗转星移，瑶族社会历史发生了沧海桑田般的巨大变化。但宗教却在历史发展的流变中徘徊不去，跨越了历史的时间和空间，始终对瑶族的历史进程发挥着不可忽视的影响。

▲

广西富川平地瑶马王庙

巫风浓郁的原始宗教

瑶族民间信仰“灵魂不死”和“万物有灵”。民间习俗认为，人的灵魂是不会灭亡的，山有山神，水有水神，日月星辰，雷电风雨及自然现象、草木万物，都有神灵。所以，他们用“缅”来称呼各种“精灵”，“缅”既可指自然界动植物现象所反映的“神灵”，亦可指神话中的民族始祖或死去的祖先的灵魂。用“曼”来称呼自然界的各种异己力量，“曼”通常指人死后变成的鬼和附在各种自然物上的“精灵”，也用来指称各种神，如“玉帝曼”（玉皇大帝）、“金曼”（山神）、“翁曼”（河神）等。在他们的语言中，“神”和“鬼”是没有明显区别的，都称为“曼”。

贵州荔波县的白裤瑶相信万物有灵，认为世上一切事物都由鬼神主宰，到处都有鬼神游荡。鬼神和人一样，有七情六欲、喜怒哀乐，过着如同人间的生活。鬼神同名，但有善恶之分，善者为神，恶者为鬼。神众多，鬼非一个，各有司职，互不统辖。神可分为管天之神、管地之神、管寨之神以及门神、牛神、马神、猪神、狗神等。鬼的种类更多，大多是由恶人和暴死者变成。这些“灵魂不死”和“万物有灵”的自然崇拜观念，构成了他们最初的有神论观念，并由最初的自然崇拜发展到图腾崇拜、鬼魂崇拜和祖先崇拜。

信仰之万物有灵

瑶族先民崇尚大自然，相信万物有灵。早在远古时代，由于当时的社会生产力还处于低级发展阶段，人们的思维能力较低下，瑶族先民将大自然的许多现象，如天空的日、月、星辰，大地的山、河、石、土等都加以神化，并对它们进行崇拜。

太阳崇拜　瑶族先民神化和崇拜天体，把天体当作一个最大的神秘力量而加以崇拜。瑶族的天体崇拜，最早和最常见的是太阳崇拜。太阳每天在天空中东出西落，光芒万丈，既能给人在寒冷时送来温暖，又能使万物生长；但有时长时间的暴晒，又使大地河流失水或干涸，土地旱裂，植物死亡，人畜受苦。人们对太阳这种“喜怒无常”的性格无法了解与适应，从而对其产生崇拜。瑶族是个山地民族，农作物收成的好坏与旱情有很大关系，所以，瑶族的太阳崇拜也多与旱情有关。

▲
恭城观音乡水滨村平地瑶门上的石敢当神位

据瑶族神话传说，古时天上有许多个太阳，把大地晒得裂开缝，万物枯死，人类半死不活。后来瑶族中的一位英雄把多余的太阳射掉，留下一个给人以温暖和光芒。在他们的心目中，太阳也是有知觉的，也像人一样知道害羞。所以，过去广西百色龙川一带的瑶族大年初一这天不能在门外生火、烧山和晾晒衣物，认为这一天是全年的浓缩，在屋外生火、烧山和晾晒衣物，会使太阳误认为该年人类需要更多的日照而导致干旱。在发生大旱之年，则找一些上了年纪的寡妇，让她们到山沟里的溪潭边，脱光衣服，裸体在溪潭中戏水，并谩骂太阳。认为太阳见到这些老妇裸体谩骂自己，会害羞躲进云层，这样天就会下雨。在日常生活中，人们将太阳看作是兴旺、平安、吉祥的代表。所以，当地瑶族妇女的头巾和小孩的帽顶都绣有象征太阳的八角星图案，八角星周围绣圈小星，象征群星，群星外面绣四道线围成方形，象征大地，再绣上花、木之类图案纹样，象征万物。村寨的朝向讲究

广西金秀六巷花蓝瑶烧香焚纸钱祭土地神

坐西朝东，认为早上太阳从东方升起，给人兴旺、吉祥。

雨神崇拜 瑶族多居住在山区，除少量水田和望天田外，大部分为山地，农作物收成的好坏，全靠老天下雨来决定。人们对雨水这种决定性作用的依赖，便产生了雨神崇拜。

广西都安一带的布努瑶认为，每一条河流、溪涧都有神灵，叫“渡昂”，意为水神。水神神位一般设在河岸、渡口、溪旁某处，立一石头代之。人们平时下河打鱼捞虾，要先向水神叩头，否则水神发怒，轻者打鱼不得，重者被水淹死。逢天久旱无雨时，就由村寨中无后代的老妇人裸身求雨。

广西十万大山的山子瑶架水笕引山泉时，须由巫师到水源头烧香祭水神，请水神赐给长流水。

广西百色和云南的部分瑶族，每年大年初一，家家户户要早早来到井边、溪旁，烧香焚纸钱祭水神，争挑第一担新水。当地习俗认为，这样做水神会赐予家人幸福。

广西大瑶山瑶族新娘出嫁步行到夫家途中，过山涧小溪，或妇女背小孩出门蹚水过渡，都要丢几枚硬币进水中，祈求水神保佑平安吉祥。

山神崇拜 瑶族主要散居在1 000～2 000米的高山密林中，一些高大雄伟的山峰直耸云天，山高路险，常被瑶族原始初民看成是通往天上的道路而受到崇拜；同时，山高林密，又有奇禽猛兽栖息其间，使人产生一种难以接近的神秘感，被认为是神灵居住之地，于是对其产生崇拜。广西百色一带的山子瑶认为，山是由神鬼管理的，特别是一些高山，离天最近，犹如天梯，神从天上下来，先到山顶，再从山顶走到人间村寨，因此当地瑶族一般都不愿到那些被认为有山神住的高山，怕自己的运气不佳被山神勾走灵魂，得病难治。

广西都安一带的布努瑶认为每一座山都有神灵，瑶语称为“愣发造”，意为山神。有多少座山，就有多少个“愣发造”。人们平时上山砍柴伐树，垦荒耕种，都要先向“愣发造”叩头，否则山神发难，灾难就会发生。

湖南蓝山湘蓝村瑶族还家愿

广西南丹县白裤瑶认为山有山神，所以每次集体狩猎前必定要祭山神，山神无庙无神像，临狩猎前，在猎区内选择一块较大的石头做神像，杀一只公鸡祭之，然后才开始进行狩猎活动。狩猎如有所获，即将兽头砍下，以祭山神，作为对山神恩赐的报答。

云南瑶族认为狩猎前必须祭祀山神，否则将会无功而回，当地民谚说：“山神不开口，老虎不咬狗。”

湖南新田瑶族认为山上的动物都是由山神掌管的，所以，入山狩猎前都要祭拜山神。猎手猎获猎物，杀死猎物后要吹山哨（一种竹做的圆筒），以呼唤山神，猎物抬回家后，先放在大门口，待烧香焚纸钱祭过山神和祖师后，方可开膛。

知识链接 **金曼** 广西十万大山的山子瑶对山神的称呼。“金曼”，瑶语，意为山神或山鬼。广西十万大山的山子瑶认为，山上的森林、果实、飞禽走兽都归“金曼”管辖。“金曼”可以是一座高山、一片茂林，也可用一株大树、一块巨石做代表。人们入山砍伐树木时必须祭“金曼”，否则会发生不吉利之事。

土地崇拜 在瑶族先民的意识中，土地广大无边，负载万物，是人们赖以生存、生产、生活的基本条件。因此，土地便被

广西恭城观音乡水滨村平地瑶土地庙中的土地神、扫帚神、柴(财)神

广西恭城观音乡水滨村土地神

广西恭城观音乡水滨村平地瑶师公祭神用的木筶

加以人格化和神化，从而形成土地崇拜。瑶族对土地神的祭祀，最初多为直接向生产和生活用土的地方献祭，这类土地神既无神像，也无庙宇。需要祭祀时，就直接到耕种庄稼的田边地头去祭祀土地神。稍后的土地崇拜，才有简单的崇拜偶像和较为固定的祭祀地点，或在村旁某棵大树下，或在某块大田边，立一石头为神像祭祀。

广西十万大山一带的山子瑶除了崇拜统一的“土地公”神灵外，还敬奉每块新开出来的土地神，他们在每块新开出来的林地边捡些石头堆成一堆，作为该块土地的地神，逢播种、收割时对其进行祭祀。几年后这块地丢荒时就不再祭祀，如以后又重新回来开垦，则又重新祭祀。

广西富川一带的瑶族，在种有玉米的地头立一块石头作为土地神的偶像，每年春秋二社，做几块糯米粑，点几炷香到石前祭

祀土地神，求其保护玉米不受野兽糟蹋。

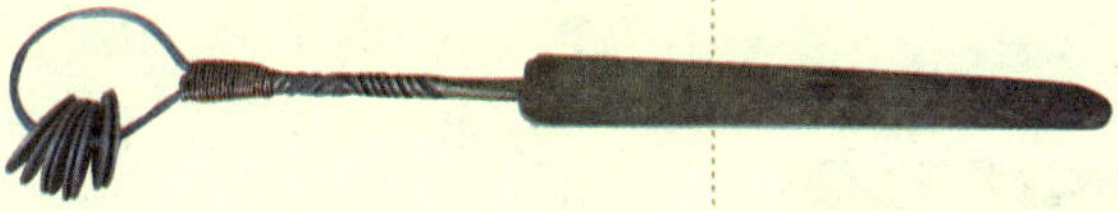

广西恭城观音乡水滨村平地瑶师公祭神用的令刀

随着生产力发展水平的提高，部分瑶族开始较长时间地在某一地域内生活与居住。一些休耕地经过不断地改造，成为长年耕种的熟地或稻田，而立于田边地头的土地公石像，也成为人们长期固定供奉的对象。为便于供祭，人们用草、木、木皮等搭盖简陋的棚舍，作为土地庙，供石头作神像，进行祭祀。随着人口的增多和村寨的扩大，一些建立较早，靠近村寨的土地神成为村民共同祭祀的神灵，并发展为村寨的社神。

火神位 过去，瑶族多住草木或竹木或木结构的房屋，每年冬末春初放火烧山，稍有不慎，便会危害村寨。所以，人们对火敬惧交加，企图通过种种努力来讨好火神，保佑人畜安全。瑶族村寨，几乎家家户户都安有火神位。即在火灶房旁插一小竹筒，供烧香用，或直接把香插在火灶的裂缝处亦可。逢年过节祭祖时，要祭祀火神，祈求火神保佑。家中火塘是火神居住的地方，也是火神的神位，所以，火塘中的火种要长期保留，不能让其熄灭，否则就意味着火神出走，家道不兴，妖魔鬼怪就会来家扰得家无宁日。每月的初一、十五，要在火塘边插香祭祀火神。

广西南丹县白裤瑶祭祀仪式

信仰之灵魂不死

▲

广西贺州瑶族神龛

祭祖先神 瑶族相信每个人都有灵魂，人死灵魂不灭，灵魂离开人体后变成鬼，俗称“面”或“曼”。鬼有善、恶之分，生前有功于氏族和村寨的人死后变成善鬼，生前作恶和非正常死亡的人死后变成恶鬼。他们还认为人有三个灵魂，一般老年人正常死亡后，一个灵魂在墓中，一个在家里，一个回到扬州洞同祖先们一起生活。所以，瑶族凡起房建屋，都要在家中设置祖先神位，烧香供祭。凡迁徙，要将祖先香炉一同带走，以便随时供祭。他们认为，供奉善鬼能保佑人丁平安，六畜兴旺。至于恶鬼，会使人畜遭灾，所以要请巫师禳灾超度，始得安宁。

知识链接 **家先** 瑶族几乎每家都设有供奉家先的神龛，为家先灵魂接受祭祀之处。所谓“家先”，是指那些死后能把灵名记在《家先单》上，并得到后世子孙供奉的家庭或家族祖先的称呼，并不是本家族所有已故的先辈。这些人生前都举行过度戒或挂灯仪式，并有子嗣。生前未举行过度戒或挂灯仪式，婚后无子嗣的人，死后其姓名是不能列入《家先单》的，也就不能成为家先。

广东乳源瑶族盘王像 ▶

祭盘王 瑶族民间又称为“做盘王”“跳盘王”“游盘王”“还盘王愿”“祖公愿”“祭盘王”“祭盘古”“打盘王古斋”“打盘王斋”“耍歌堂”，是瑶族纪念祖先盘王的盛大传统节日活动。瑶族崇拜盘瓠，并将其作为始祖神崇拜。瑶族民间认为神犬盘瓠与本民族有亲缘关系，尊其为始祖神加以崇拜。最初主要是祭祀盘瓠，即还盘王愿。节日期间，人们挂盘王神像，供牲畜祭品，男女击鼓唱盘王大歌，祭祀盘王。明清之后，祭盘王活动主要是祭祖、娱神；后来发展为祭祖、娱神为主，兼有娱人活动内容；随着道教的传入，受道教和其他文化的影响，祭祀对象越来越复杂，逐步演变成在祭祀盘王的同时，还祭祀盘古、本族列祖列宗、各路神仙等，发展成道教的还愿酬神仪式，称为还盘王愿、做盘王或还祖宗愿。这种祭祀盘瓠的歌舞娱神活动，可以单家独户过节，也可以联户或同宗同族共同进行，时间多在农历十月十六日，一般是1～3天，最长的可达7天7夜。

广西贺州盘瑶师公祭祀喃念经文

广西贺州瑶族女子祭祀火龙

狗图腾崇拜 瑶族有狗图腾崇拜，除了有其始祖为龙犬的神话传说和文献记载外，在节日、婚丧、饮食、生产、服饰等方面都有所表现。传说中的盘瓠是一只“五彩斑斓”的龙犬，所以，瑶族服饰“衣裳斑斓”，“好五色衣服，制裁皆有尾形”。由于认为狗和人有某种亲缘关系，并由此而衍生出不食狗肉的禁忌。每年农历六月六“尝新节”这天，家家户户都会用新米煮饭，祭拜祖先后，将饭给狗先吃，然后家人才按照年龄辈分大小依次尝新，以示对狗的尊崇。从前瑶族民间养狗，主要是为了帮人捕获野兽和看家，狗老了不能动时，宁可让它死掉埋葬，或卖给山外的汉族、壮族，也不准杀狗吃肉。

广西贺州瑶族师公宗教仪式中用的铜铃

知识链接 **密洛陀崇拜** 广西红水河流域的布努瑶将密洛陀作为其创世母神进行崇拜，视密洛陀为创造人类和万物、总管宇宙的始祖母神。每年农历五月二十九日，布努瑶家家户户杀鸡宰羊，酿制美酒，亲朋好友欢聚一堂。宴饮时，先由长者诵念《密洛陀》长歌，缅怀密洛陀的恩情，然后大家围长桌畅饮，唱祝酒歌，缅怀始祖母神密洛陀。过去有1年小祭小宴、2年中祭中宴、3年大祭大宴的规矩。小祭小宴要杀1只鸡、1头羊、1头猪；中祭中宴杀8头肉猪、1头母猪；大祭大宴杀黄牛、水牛、马、母猪各1头及8头肉猪。还举行打铜鼓，跳铜鼓舞、打陀螺、射弩、赛马、斗鸟等民族体育活动。平时耕种、收割、婚嫁、丧葬等，亦祭祀密洛陀，以求庇佑。

人神两界的巫师

20世纪50年代前，在瑶族地区，巫师不仅是瑶族社会宗教活动的主持人，他们会打卦、作法驱鬼治病，村寨中的许多祭祀活动都由他们主持，而且还是瑶族社会生产、生活的组织者、指挥者，是瑶族社会的精神领袖与民族头人。

瑶族师公服上的龙纹样

各地瑶族对巫师的称呼略有不同，盘瑶多称之为“觋面勉”，意为“说鬼人”；山子瑶多称之为“那曼公”，意为“问鬼公”；排瑶多称之为“楼面公”，意为“探鬼公”；白裤瑶多称之为“魔公”；布努瑶多称之为“挪魔”或“触陀”；红瑶多称之为“鬼师”。

大多数巫师既不是选举产生，也不能世袭，究竟谁有资格充当巫师具有很大的偶然性。巫师的产生往往与某人在某时、某地的某次祭祀活动、生产、生活中出现的“异常”、巧合、成功等现象有密切的关系。20世纪50年代前，在广西南丹白裤瑶中，谁当年带头搞生产，那年又恰好风调雨顺，粮食获得丰收，谁就被认为是神认可的人，他就有资格充当“魔公”或“庙老”。在广西十万大山山子瑶地区，过去，每个村社每年都要开一次封堂卜选“唉瓜”巫师，希望当“唉瓜”巫师的人到时都集中到卦堂里，经村老或懂开卦堂的人焚香祭神后，参加卜选的人或蹲或卧，看谁的灵魂能脱离躯体，去跟祖公见面，就说明祖公已批准他当“唉瓜”，今后他便可当“唉瓜”巫师。

知识链接 **唉瓜** 山子瑶语，意即打卦。当地山子瑶认为，“唉瓜”都是一些具有特殊本领的人，这些人都是一些无师自通的人物，他们的灵魂能与死去的祖公见面，所以他们能为人占卜问病。

瑶族祭祀时用的元始天尊神像

瑶族祭祀时用的张天师神像

瑶族祭祀用的赵、邓、关元帅神像

瑶族祭祀用的辛、马、康元帅神像

广西十万大山山子瑶、大板瑶的巫师称“波刮露”（问卦老），“波刮露”不是任何人都可以做的，必须是有鬼降临才能做。大板瑶男孩儿长到十三四岁时，家人便于每月的初一、十五在家里祭祖开卦堂，让小孩儿练跳童，看鬼是否降身。有鬼降身就说明是祖公给阴兵带回来，以后就可以当“波刮露”，跳童问卦了。

广东连南排瑶有一种称为“问仙公”的巫师，只有那些被认为与鬼有“缘分”的人才能当。每年清明节前后，人们在祭祖前的晚上，如认为老问仙公老了，需要找人继承其衣钵，便召集一些年轻人到老问仙公家中厅堂聚集，老问仙公便烧香请历代祖先回家，旁人敲锣打鼓，年轻人则坐在旁边听老问仙公念咒，请祖先公。如某人在请祖先公的仪式中突然神志失常，拿起一对牛角发狂地乱舞，随后昏迷过去。人们把他扶起后，由老问仙公向其问话。若他说出是某位祖先公附身，并能把这个祖先公的来历说清楚，老问仙公便当众宣布招此人为徒弟，成为老问仙公的继承人，人们需“查鬼”时便以请他。

有的巫师则须经过师父的传授。在广西十万大山山子瑶中，这类巫师被称为“唉巴”，他们必须跟师父学专门的法书，掌握一定的法术，方能为人“松曼”（送鬼）治病。广西融水红瑶中被称为“阳鬼师”的巫师必须先拜师学法，方能给人赶鬼治病。云南过山瑶和蓝靛瑶中的巫师绝大多数由信仰道教的成年男子担任，凡已度戒或挂灯者均可从事一定的巫术活动，但需到卦堂学习打卦，或经师公单独传授后，方能进行巫术活动。

瑶族巫师自称能通鬼神，上达民意，下传神旨，能预知凶吉祸福，能为人消灾祛病，是神灵的代言人和使者。巫师一般以问神、占卜等方式为人预测祸福、凶吉和病因，用请神驱鬼为人消灾祛病。

20世纪50年代前，在广西十万大山山子瑶社会中，“村老”除了称为“央谷”“甲头”外，还称为“保头”“管鬼公”“禁鬼公”等。村老一般都会喃神，有的还会打卦、作法驱鬼治病，是村寨的祭师，村寨中的许多祭祀活动由他们主持。作为一村的头人，他们既是巫师、师公、道公，是宗教领袖，又是村寨生产、生活的组织者、指挥者，是政治、军事首领。作为村寨的祭师和巫师，他们主要职责有：负责祭祀社火、司理各姓生魂、死鬼的接送仪式、主理禁鬼与赶鬼、主持社祭、主持生产祭祀、主持年终酬神和关门封村等仪式。

岭外传入的道教

道教最初于宋代传入瑶区。宋初，由于宋太祖、宋太宗等人对道教的重视和扶持，道教在瑶族中得以传播。明代，由于瑶族地区的社会矛盾极为尖锐、复杂，各地瑶族起义此伏彼起。明王朝为加强瑶族地区的封建统治，在多次派兵镇压瑶民起义的同时，极力推崇、利用道教。广大瑶族人民深受封建统治阶级残酷的阶级压迫、民族压迫和沉重的经济剥削，深感人世间的不平等，希望借助某种力量来改变自己的不幸遭遇。于是道教便得以在瑶族中迅速传播。清代，道教在瑶族地区广泛传播，逐渐融化在瑶族民间信仰中。

瑶族傩面具

道教传入瑶区后，很快就和瑶族民间信鬼神、好淫祀、病不求医，专事巫觋的原始宗教信仰习俗相迎合，满足了瑶族社会的需要，瑶族地区原有的原始宗教和岭外传入的道教相结合，二者之间相互影响，相互渗透，导致了瑶族民间宗教文化复杂性与多元性的形成，从而使瑶族的宗教信仰发生根本性的变化。

广西巴马瑶族师公过油锅仪式

瑶族地区的道教属正一派，重视符箓禁咒、修斋打醮。但道教正一派传入瑶区后，在向世俗渗透及与瑶族巫教融合过程中，形成了师公和道公两大门派。

广西防城大板瑶师公挂神像请神

师公信奉的神祇十分复杂，他们除信奉最高神“三元”外，还信奉玉帝、雷王、帝母、神农、伏羲、盘王、社王、土地、城隍、本境、山魈、冯三界、瘟主、鲁班、功曹、四帅等。这些神祇遍布天上、地下、人间，且时间久远，各个时代的传说人物与真实人物均可入神谱。师公主要是替人喃神赶鬼，祭祀仪式多为许愿还愿，驱鬼治病等。师公尊张天师为祖师，但又尊梅山法主大圣九郎为法主，故瑶族师公称所崇为“梅山神”，亦称“梅山教”。

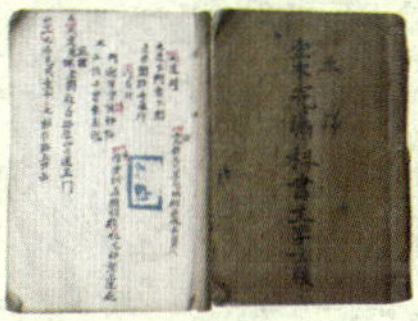

蓝靛瑶经书

道公尊“三清”为最高神，同时还信奉功曹、四帅、二十八宿、盘王、雷王、社王、冯三界等。道公主要是替人修斋、打醮，超度亡灵死鬼。一般不杀家畜、家禽。

知识链接

三元 瑶族道教中的三元指上元唐文保、中元葛文仙、下元周文达。

三清 瑶族道教中的三清指元始天尊、道德天尊、灵宝天尊，或称玉清、上清、太清。

第四章
独具风情的民俗民风

瑶族民俗民风丰富多彩，独具风情。历史上，瑶族支系繁多，居住分散，各支系由于聚居区生态环境的差异，社会经济发展水平的不同，以及受周边兄弟民族的不同影响，从而导致了各支系的瑶族的饮食居住、节日庆典等传统习俗都各具特色。

▲

建在大山深处的广西南丹白裤瑶村寨

炊烟飘香的饮食

野炊

历史上，瑶族是个刀耕火种的山地民族，为了生产与生活的方便，人们发明了许多野炊的方法。20世纪50年代时，广东连山瑶族上山劳动时，就在地上挖一个坑，坑内垫上牛皮，盛上水，装好肉，一边劳动，一边将烧得炽热的石块投入水中，待坑中的水沸腾，将肉煮熟时，便可围坑坐下，一边休息，一边品尝鲜美的肉汤，俗称“石烹”。当代瑶族石烹，则是在家中用铁锅装好水和肉，再将烧得炽热的石块投入锅中，将肉煮熟，招待客人。

居住在山区的瑶族常以玉米、红薯、芋头等为主食。人们上山劳动时，常挖一小土窟或垒土为窟，用柴草将窟洞烧通红，然后将红薯、芋头或是南瓜等物放入窟中，再将窟踩倒，用烧红的泥土覆盖红薯、芋头或玉米棒，进行煨烤。休息时，拨开泥土，将烤得金黄的红薯、芋头或玉米取出，一边聊天，一边食用。

部分地区的瑶族还将大米或玉米粒带到山上，砍一节竹筒，一端留节，另一端打通，将米、水放入竹筒中，砍一节木头堵塞住筒口，或将草、叶等搓成团，塞住筒口，将竹筒丢入火堆中，待竹筒烧得焦黄，冒出的蒸汽快干时，把竹筒拿出来剖开，便可得到一筒香喷喷的米饭。这种以竹作釜的竹筒饭，现在已成为瑶族招待客人的佳肴。

除竹筒外，瑶族还以南瓜做“釜”。上山劳动时，人们在山上就地选一老南瓜，切开顶部做盖，挖掉瓜子、瓜瓤，将米、水放入瓜中，盖上瓜盖，用炭烬、火灰围住南瓜四周，使之熟透时，将瓜剖开，米香瓜黄，美味可口。

山区瑶族靠山、种山、吃山，多以玉米、红薯、芋头、豆为主粮，杂以旱谷、大米而食。平坝地区的瑶族则以大米、玉米、红薯、芋头为主粮。广西巴马一带的瑶族有吃火麻的习俗。巴马瑶族由于常食火麻，长寿老人比例高于周边民族，有“长寿之乡”美称。

知识链接 **火麻** 桑科类，草本植物。每年2月种植，10月下旬成熟，收获后晒干保存。火麻籽为扁卵圆形，长约四五毫米，表面呈黑色或棕色花纹，光滑，壳硬而脆。去壳后的火麻仁不饱和脂肪酸含量丰富，亚油酸及亚麻酸含量也较高。火麻有润肠通便、降低胆固醇、预防动脉血管硬化等功效。将去壳后的火麻仁碾碎后做成乳白色的火麻浆，放于清水中与蔬菜煮食，或与玉米粉煮粥，清香可口，易于消化。

“肉鲊”

瑶族早期的肉食主要靠猎获山中的飞禽走兽而得。广西大瑶山一带的瑶族猎获野兽后，将鸟肉、兽肉等洗净晾干，再将大米舂为粉末，把米粉末、食盐与肉拌裹，放入瓮中，先洒一层米粉末和食盐，再放一层肉，依次循环，层层压紧，然后用盖子盖住瓮口，瓮沿上要经常保持有水，以免漏气。

广东连南南岗排瑶妇女在晒腊鸭

广东连南瑶族磨玉米

俗称“鸟鲊”“肉鲊”。数月后，开瓮取肉，不用煮炒，切片装碟，即可上桌。

吃生羊血

广西都安、大化等地的瑶族有吃生羊血的习俗。杀羊时，将适量的食盐放入羊血中，使其凝固，然后将羊肝、羊肉、羊腰、羊肠等切碎，伴花生、姜等炒熟，冷却后加葱末，分别盛于小碗中，每碗加三四汤匙羊血，再加适量的冷开水或冷肉汤搅匀，凝结后即可食用。或是将靠近羊胃部小肠中未消化完的肠液和切碎的羊肝、羊肉、羊腰、羊肠等及羊血煮食，味苦清辛。当地瑶族认为，将羊放到山上，让其吃山中百草，将其小肠中未消化完的肠液煮食，可治百病。

火塘

居住在山区的瑶族，习惯于家中堂屋或灶房掘地为坑，坑中置一铁三脚作灶，用以煮食、取暖，俗称“火塘”。火塘四周可镶木板供人踏脚，木板外围放数张凳，供人围火塘而坐。生活贫困者，无力购买铁三脚灶，只好将3块石头放于火塘中，摆成三角形，用以为灶。火塘上挂着一串串被火熏得油亮油亮的腊肉和火红的辣椒。人们的饮食、祭祖、接人待客，均在火塘旁。平

广西南丹白裤瑶火塘煮菜

时，火塘四周总是扫得干干净净，全家人围坐在火塘边，聊天、吃饭、听老人说本民族的历史。客人进门，从火塘上割下一块腊肉，杀只鸡，就在火塘上煮熟；再用陶罐装土酒，放在火边温热，酒醇肉香，让人食欲倍增。

广西巴马东山番瑶家中的火塘和腊肉

饮食习俗

平时进餐多是全家共桌而食，实在不能按时回来吃饭者，必留一份饭菜。广西金秀一带的花蓝瑶，媳妇不能与家公共席进餐；部分盘瑶，其媳妇虽能与家公共席，但只能站着或蹲着吃，不能坐着进餐。这应是受汉族“男尊女卑”思想影响而形成的饮食习俗。大多数瑶族进餐时的座位无严格的规定，但广西西林等地的瑶族认为背对祖先神龛而坐是不礼貌的行为，所以，入席时，靠神龛一侧的上位多虚设，不坐人。老人坐左边位，媳妇坐右边位，其他人任坐一方。看来，神灵观念对部分瑶族的饮食习俗也有影响。受“男尊女卑”思想的影响，瑶族宴席男客多在堂屋，妇女多在火塘旁。广西三江、富川、恭城等地的瑶族，进餐前还以油茶三碗招待客人，故有民谚说：“一碗疏，二碗亲，三碗见真心。”瑶族宴宾待客，进餐时总要先敬客人一碗酒，不管你是否会喝，都必须喝一点，否则会认为你是看不起主人。

知识链接 **油茶** 以老叶红茶为主料，生炉烧火，在铁锅中放入适量的花生油或茶油，用油炒至微焦而香，放入食盐、生姜、大蒜，加水边煮边捣打，待水煮沸时，一锅香气四溢的油茶就打成了。将油茶水倒入碗中，味浓而涩，涩中带辣。茶叶呈碱性，姜祛湿，大蒜消毒，具有去湿避瘴、开胃健脾的功效。吃时伴以花生、炒米花、油果、葱、香菜等，其味更佳。桂北一带瑶族一年四季，一天三餐都喝油茶。客人进家，不分早晚，随时煮好奉客。

到瑶家就餐时，主人先动筷，客人才能动筷。广西都安、大化、百色等地的瑶族有鸡肝、鸡心敬客的习俗。进餐时，主人先搛鸡肝、鸡心敬客，谓之“交心”。广西马山、隆安、大化、都

瑶族春糍粑

安等地的瑶族，不仅帮客人搛菜，而且还向客人灌肉串。主人用一根干净的筷子，穿上七八块肥肉，说几句敬重的话，然后把肉串灌进客人的嘴里，请客人一口气吃下去。瑶族热情好客，客至，主家会拿出家中的好菜好酒招待客人，酒席间常会对客人进行劝酒，酒量不好的客人常会感难以抵挡。

简朴古拙的民居

瑶族最初的村寨是一种以血缘关系为纽带的村寨，各个家庭之间都有一定的血缘关系。

下雪后的广西全州东山上塘瑶族传统民居

这种血缘村寨一般都比较小，分布较零散，村与村的距离，近者相距一二公里，远的相距二三十公里。一般只有十多户有血缘关系的同姓家族或亲属，少者只有数户，最多的也只二三十户。大部分村落比较分散，有的人家住山腰，有的人家住坳顶，有的住山背，有的住山槽。每户之间大都相距数十米到数百米，有时一个村落分布在数个山头或弄场，每个山头或弄场只住一二户人家，以保证有足够的土地来养活居住在当地的人们，故地方民谚称："讲话听得见，见面走半天。"

瑶族是个山居民族，村落大多分布在崇山峻岭中的半山腰和

广西富川平地瑶明代进士宅

山坳及山顶处。明清之后，部分民瑶、平地瑶始迁徙到丘陵、河谷地带或山下的平坝地区居住。大多数村寨都竹木青翠，风景秀丽，村旁一般都保留有一片古老的树林，俗称“神林”，林中设社坛，供人们祭祀。山区瑶族多饮用山涧的溪水，常破竹为槽，架设水笕，将水引到家中饮用。一般是几家人共用一条主水笕，各家再引一条分水笕入屋，让水直接流入水缸或木桶。水笕长约百数十米，甚至上千米，盘山过坳，飞越几个山坡。部分居住在大石山区的瑶族，由于缺乏水源，过去常在村中低洼处挖一泥塘，用以储蓄雨水饮用。近数十年来，国家拨专款在这些地方修渠引水，或修建水柜储蓄雨水，供人畜饮用。过去，居住在山上的瑶族为防盗匪打劫，多在出入村寨的坳口上建有石头砌的山墙；住在平坝地区的瑶族，也在村口及村的四周修建层层闸门和围墙，用以防卫盗匪。

知识链接 **神林** 在瑶族聚居区，村前寨后都保留或种有一片古老的树林或一株古榕树，俗称“神林”或“神树”，平时严禁人们入内大小便，更不许随意砍伐、垦荒、耕种，否则惊动“神灵”，坏了“龙脉”，将会给村民带来不吉。这种强调维护森林，主张在村前寨后植树造林的观念和做法，不仅能保持水土，避免山洪、泥石流等自然灾害对村寨的危害；而且还能美化环境，调节空气，增加空气中的阴离子，维护人类的生态平衡，有利于人体健康，益寿延年。

“人字寮棚”

历史上，瑶族是个迁徙较多的山地游耕民族。刀耕火种的山地游耕农业，决定了他们每到一个地方一般只能住三年五载，然后又迁徙到另一个地方寻地垦荒耕种。和这种刀耕火种的游耕农业相适应，人们建筑的居室十分简陋。人们仅将地基略为平整，挖坑埋木为柱，架木为梁，破竹篾绑扎桁条，用芭芒秆、小木条或破竹编篱，围住四周，用茅草盖顶，编竹篱为门，即为居家住屋。整个建筑既不凿榫，也不打眼，十分简陋。篱笆的孔隙很大，夏夜月光射孔而入，冬日寒风穿隙而过。因其屋顶形如“人”字，两面坡度较大，屋檐低矮，四壁无窗，故称“人字寮棚”。这种房屋建筑容易，弃之不足惜，很适合于刀耕火种、迁徙无常的游耕生活。

广西融水同练瑶族田间寮棚

竹舍

广西大瑶山和广西环江一带部分住在高山密林中的瑶族，当地竹木茂盛，一株竹笋，一二年便可长为碗口大的楠竹，竹子资源丰富。所以，人们以竹为建筑材料，砍大楠竹为柱，架楠竹为

广西龙胜红瑶干栏建筑

广西龙胜细门红瑶寨门

檩，编竹片为篱，破大楠竹为瓦，做成竹舍。部分住在大山中的瑶族，则利用当地盛产木材的有利条件，建造木屋。以木为房屋的柱、檩、檐，四周围以木板或木条，屋顶盖木板或杉木皮。无论木屋还是竹舍，屋檐都较矮，且四壁多无窗户，建筑风格简朴古拙。

泥瓦平房

在平坝地区和丘陵地带，平地瑶的住房多为泥墙瓦顶屋，少数为泥墙茅草顶屋。一般是横排三开间一栋，房屋比较宽敞、高大，墙上开有一二扇小窗，房内光线不足，在左、右两间房的前面或侧面分别搭一晒台或建猪牛栏，屋后多设澡棚。老式的平房共开两个大门，左为人们平时进出的大门；右为鬼门，平时不开，只有死人时才打开。左、右两间各开一个侧门，分别通向晒台或屋后。

湖南常宁新田过山瑶传统泥墙杉木皮房民居

广西大瑶山一带花蓝瑶的泥瓦房建得很有气势，房宽10多米，纵深亦10多米，房高约10米。正屋分为3间，两侧为卧室，中间为堂屋。房前为小庭院，左右两边各建一间小耳房，用以待客留宿。舂泥做围墙，将庭院围住。正屋和耳房之间，有的还设游廊。整个建筑结构错落有致，变化丰富，别有一番情趣。

干栏建筑

广西大瑶山一带的茶山瑶干栏建筑很有特点，整个建筑纵深10多米，宽约4米，为纵深式干栏建筑。一般砌石为基础，舂泥为墙，盖瓦为顶。房屋狭长，单开间，纵深多为三进，大门设在正面的山墙旁，或左或右。大门外的屋檐下建一木结构吊楼，类似现代建筑的阳台。第一进为干栏式建筑，共3层，用条石砌台阶进大门，楼下为猪、牛栏，楼上为堂屋，置神龛于堂屋的板壁上，堂屋上铺楼板，并围一小房间，房内开一小门通往大门外的木吊楼。吊楼、大门均雕龙刻凤，绘花饰草，并按图案纹样所需油上各种五彩斑斓的涂料，门框上雕刻横匾、对联，将整个吊楼和大门装饰得富丽堂皇，如花似锦。第二进为卧室和贮藏室，共2层。第三进为火塘，火塘上不再设楼，内空较高，平时煮食、待客均于此。茶山瑶干栏多是一间紧靠一间，前后成排。每家左右两边的山墙上都各开一扇高约1.5米，宽约0.8米的小门。过去遇土匪抢劫村寨，打开左右山墙的小门，便可从一家跑到另一家，一直跑到村外。

广西金秀茶山瑶干栏建筑

广西全州东山上塘瑶族传统民居

吊脚楼

广西桂北一带瑶族，部分房屋沿溪河而建，选河堤上的一平地作住房的前半部，主家的堂屋则设于此；后半部依河沿坡度的大小，用长短不一的木条立柱为吊脚楼，铺板与前半部平地齐平，作为火塘，俗称“吊脚干栏”。吊脚干栏一般高三层，第一层为堂屋与火塘，供会客、祭祖、饮食；第二层为卧室；第三层为阁楼，可存放东西，亦可住人。广西都安、大化、巴马、南丹一带的瑶族，多居于半楼居干栏中，其房屋多依山而建，劈山为

知识链接 **广西南丹县白裤瑶粮仓** 白裤瑶的粮仓分两种，古老的粮仓上部呈圆柱体锥顶，用茅草覆盖顶部，仓身四周以竹篱围住，直径约2米，高约2.5米，形如囤箩。新式粮仓上部呈长方体，顶部呈人字形，两面倒水，盖瓦，四周用木板围。无论是哪种粮仓，都开有门，用木板做简易门，用木棍扣住或用绳索系上。收回的粮食全存放仓中。仓底用木板铺平，再用4根木柱撑住，柱与柱之间距离约2米，高约2米。在粮仓底部木板与木柱的吻接部位，各用4个外表十分光滑的陶罐或铁锅倒套在4根木柱的顶部，以防老鼠爬上去。仓底下空旷通风，可使仓内贮藏的粮食不易受潮。粮仓远离住房，即使房屋遭受火灾，也可保住粮食不受损害，能有饭吃。这种具防鼠、防潮、防火性能于一身的粮仓建筑，充分体现了白裤瑶人民的聪明才智和爱惜粮食的思想。

广西南丹白裤瑶粮仓

平台，以平台作为屋基的后半部，前半部则立柱悬空为楼或砌石为墙，上铺木板，与后半部的平台齐平，成为半楼。楼上住人，楼下堆放杂物或豢养牲畜。无论是吊脚干栏，还是半楼居干栏，都在屋外建有晒楼，供晾晒衣物。除茶山瑶的干栏建筑为泥瓦房外，吊脚干栏和半楼居干栏多为土木结构的草房。

在刀耕火种的游耕生产方式下，社会生产力发展水平较低，创造的物质财富有限，粮食产量亦不高，不仅住房较为简陋，而且粮仓一般都建在屋外。

丰富多彩的节日

瑶族民间节日繁多，一年之中，大节十余，小节数十。节日的形式和内容多姿多彩，极富民族特色。其节日来源比较复杂，有的来源于古代宗教祭祀活动，有的来源于对历史人物的纪念活动，有的与人们的生产生活密切相关，有的与民俗活动密切相关。其中最隆重的是盘王节。

瑶族盘王节来源于祖先崇拜。盘王节，又称“做盘王”“跳盘王”“游盘王”“还盘王愿”“祭盘王”“祖公愿”“祭盘古”“打盘古斋”“盘王醮”，是瑶族人民纪念祖先盘瓠的盛大传统节日。过去，各地瑶族过盘王节的时间不一致，一般在秋收后至春节前

广西贺州瑶族师公们祭盘王

▲

湖南江永盘王节

的农闲时间举行，具体日期分定期和不定期两种。定期的一般都固定在农历十月十六日，一年一次。不定期的为3年、5年、10年、12年举行一次，具体时间由师公择吉月吉日举行。间隔的时间越长，节日就越隆重。可单家独户过，也可联宗共祖同族共同举行。单家独户者，节期多为一天两夜；联宗共祖同族过节，一般多为2天3夜，最长的达7天7夜。

知识链接 1984年，来自广西、广东、湖南、云南、贵州、北京、武汉等省市（自治区）的瑶族干部、学者代表在南宁举行商定瑶族节日座谈会，一致倡议将盘王节定为瑶族的统一节日，时间为每年的农历十月十六日，并得到国内瑶族人民的认同，至此，各地盘王节的时间趋于一致。

节日期间，人们杀鸡宰鸭，男女老少穿上节日盛装，汇集在一起，祭祀盘瓠，唱盘王大歌，跳长鼓舞和黄泥鼓舞；老年人则

广东连南八排瑶盘王节

利用节日的机会探亲访友，交流生产、生活经验，互祝来年丰收；青年人则要歌堂、对唱山歌，通过节日活动选择意中人。20世纪80年代后，在现代化进程的影响下，瑶族人民的节日观念也在不断变化。期间，各地瑶族同胞敲响长鼓或黄泥鼓，载歌载舞，缅怀始祖盘瓠的功德，耍歌堂，对唱山歌，许多村民还带香菇、木耳、干笋、八角、药材等土特产到集会地点进行交易，各类企业和附近的商贩也到集会地点举办商品交易会，促进商品流通；新华书店、农业科学技术人员和瑶族中的知识分子则利用节日聚会传播、交流科技信息；一些海外瑶胞闻讯亦赶来寻根访友，观摩助兴。

瑶族民间传统节日文化是整个瑶族传统文化的长期积累，凝聚着全民族的感情、意趣和追求，并经世代传承发展而来。所以，作为瑶族民间传统节日文化来说，由于它往往为本民族的各个阶层所共有，因而具有民族性和社会性。每年的盘王节，各地的盘瑶都要“做盘王”，全村男女老少，不分性别，不分阶级，不分尊卑，大家聚集在一起，宰鸡杀猪，祭祀盘王，共唱盘王歌，同跳长鼓舞，庆贺丰收。广西田林木柄瑶的铜鼓节，全族的男女老少都要身着节日盛装，共同欢聚一堂，击铜鼓跳舞。湖南江永瑶族的“赶鸟会”，不仅瑶族男女老少都赶去参加，甚至连附近的汉族、壮族群众也同去旁观助兴，使之成为民族的盛会。

瑶族民间传统节日是瑶族社会一种具有公共性质的民间集

广西南丹县白裤瑶长席宴

广西巴马东山瑶族长桌宴

会，是群众性的传统文化活动。瑶族大多居住在高山密林中，山高林密，沟壑纵横，交通条件较差，文化生活较贫乏。民间传统节日文化活动是瑶族人民群众互通信息，交流经验，加强经济文化联系的桥梁；是不可多得的、自发组织的群众性社会活动，是维系瑶族内部人际关系稳定的纽带。每次民间传统节日文化活动，都吸引成千上万的人，几乎男女老少，人人参加。在节日期间，一个村寨或数个村寨，甚至一个地区的人们共同参加一个有组织的大规模的传统文化活动，相互之间接触交往，共同祭祀，一同聚餐，集体娱乐，既冲淡、消除了长久的紧张、疲劳，打破了旧有的平衡单调，使平淡无奇的生活出现令人兴奋的波澜，使枯燥漫长的岁月增添许多诱人的生活情趣，调节了人们的心理平

知识链接 **修路节** 瑶族世代居住在山区，坡陡壑深、林密草高、山路崎岖，交通不便。每年入春雨水增多，草木滋长，加上雨水的冲击，路面坑坑洼洼，草木遮拦。为了生产和生活的方便，广西大瑶山一带的瑶族于每年春秋二季，各村寨的群众都自动组织起来，修桥补路，后来便成为民间传统修路节。修路节一般每年两次，每次十天八天，于春耕前的农历三月和秋收前的农历七八月间举行。节日期间，凡年满18~48岁的青壮年，不分男女，都主动地自带工具、自备伙食到指定路段锄草铺路，维修桥梁，有力出力，有料出料，漫山遍野都是劳动的人群。人们边劳动边唱歌，笑语喧天，热闹非常。男女青年还通过集体劳动互相了解，加深情谊。

衡，又加强了个人与群体之间的联系，促进了人与人之间的灵魂、思想、感情的沟通，增强了民族内部的凝聚力和团结。

约定俗成的习惯法

历史上，瑶族地区一直没有建立过自己的民族政权，也没有相应的立法机构和执法机构；历代封建中央王朝虽然都曾制定、颁布过各种法律，企图在瑶族地区实施，以加强对瑶族人民的统治，但终因瑶族多居偏僻的高山密林中，交通不便，社会结构、民情风俗大不一样，因而未能生效。为使正常的社会秩序不受干扰、破坏，瑶族人民不断制定各种解决争端的条例，形成共同行为的规则，从而使习惯法成为一种“不成文法”的原始法律，用以调节社会内部人与人之间的关系，维护社会秩序和治安，保障人们的生命财产安全，保证群体的统一和谐，维持个人和民族的生存，推动社会、经济的发展。

习惯法主要有自然形成和全体村寨成员或代表议定而成等两种形成方式。瑶族习惯法，有些以不成文形式来表现，用口制定，以口相传；有些则以成文形式来表现，将习惯法内容抄写在纸上或刻在木板上、石碑上。不仅种类繁多，而且内涵十分丰富。

在瑶族地区，凡集体狩猎所获之物，一般都要遵循“上山打猎，见者有份”的习惯，除打中野兽者可分双份外，凡参加狩猎活动的人都可同样分得一份，甚至连过路看见者和背在背上的婴孩儿也得一份。如仅猎获到一些小动物，不便分配，便拿回村寨中煮一锅肉汤，请全村寨的人来共同分享。

瑶族多居山区，居住区内大江河流很少，鱼资源相对贫乏，为保护鱼资源，部分地区的瑶族通过制定习惯法来惩罚放药毒鱼者。广西大瑶山瑶族规定，每年农历二月春社至八月秋社期间为捕鱼期，其他时间严禁捕鱼。捕鱼时，只能垂钩钓鱼，或是在河滩上筑石墙拦水，墙内安置竹攒，把鱼驱赶进竹攒里。其他时间，如家中有人患病，需用鱼做供品祭鬼，只能捕几条；老人去世要鱼做祭品，允许捕鱼一天，但也只能钓鱼和赶鱼入竹攒，不

广西南丹白裤瑶传统村寨

许毒鱼。广西十万大山一带的瑶族规定，河流属村寨集体所有，渔猎所得需平均分配。这一村寨的人不能到另一村寨所属的河流中去捕鱼，属毗邻两个村寨所共有的河流，须征得对方村寨头人的同意，方可下河捕鱼。

过去，瑶区内除私有土地外，不少地方还不同程度地保留着公有山或公有田。对于公有的荒山，族内人均可开垦耕种，谁种谁收，但如休耕或丢荒，便失去使用权，他人可以重新垦荒耕种。根据瑶族民间习惯，如某人要开垦族内某块荒地，就在那块地上用茅草打个草标，表示此地已有人开垦，别人看见草标后，便不会来争。广西大瑶山的瑶族又略有不同，平时打草标号的地不算数，规定必须在农历七月二十日这天打草标号的地才算数。所以，人们平时看好某块地后，于七月二十日这天早早起床，到平时看好的地上打一个草标，然后向头人打个招呼，便算占有这

知识链接 **草标** 瑶族没有本民族的文字，为了解决生产、生活中遇到的物权等问题，人们就用两三根茅草打个结，作为标记，警示他人。常见的有“有主标”，告诉他人这些东西已有主人，不得乱拿；“号地标”，告诉他人，这块地已有人占有，他人不得在此垦荒耕种、建房；“提示标”，告诉他人地里已种植有庄稼，禁止行人和牲畜践踏；“拦路标”，告诉他人前面道路危险，不要前往。

块土地。别人看到草标后，一般不会再来争占这块地。如有争执，以先置草标者有理。

知识链接 **“大瑶山团结公约”** 瑶族地区最早订立的村规民约。1949年12月，人民解放军进入广西大瑶山，建立人民政权。为解决历史上遗留下来的问题，人民政府根据大瑶山原有的石牌制度特点，召开全县民族代表大会会议，订立“大瑶山团结公约”，取消了山主的原有特权，明文确立“自由开荒”和“谁种谁收”的原则，有效地消除了民族隔阂，增强了民族团结，发展了生产。会后将“大瑶山团结公约”以瑶族石牌的形式刻在石碑上，竖于金秀镇。

随着国家法制建设的加强和法制教育的不断深入，瑶族习惯法中的许多消极因素和糟粕正被不断扬弃，而习惯法中的一些合理的、积极的因素也经过变通、传承，正以村规民约的方式规范人们的生产、生活。

▲

广西金秀花蓝瑶埋石牌

广西金秀花蓝瑶祭祀石牌喝鸡血酒

▼

第五章 五彩斑斓的民族服饰

瑶族服饰在长期的历史发展过程中，经历了历代经济生活与社会文化的沿革、筛选和淘汰，汇集、沉淀了历史上不同时期、不同类型的文化，是瑶族传统文化的符号、载体及重要组成部分，也是中华民族非物质文化遗产的重要组成部分，并于2006年被列入国家级非物质文化遗产名录。瑶族服饰不但有五彩斑斓的色彩、神秘吉祥的图案纹样、样式各异的头饰配件，还有极富乡土气息和民族风格的……更有情趣盎然的文化意境和文化功能。由于瑶族支系众多，分布地域广阔，所以各支系服饰均有鲜明特色。

无字的史书

历史上，瑶族没有与本民族语言相适应的，或在本民族内部普遍流行的文字，交易、借贷等多用刻木、刻竹或投石的方式记事，为了能让子孙后代记住本民族的历史，除了用民间传说等“讲古”的方式传说历史外，他们还将本民族的历史传说、风俗习惯、审美情感等织绣于服饰上，流传于后人，从而其服饰成为民族传统文化的符号与载体，成为一本无字的民族史书。

▲

广西贺州盘瑶（大尖头），传说盘瓠是五彩斑斓的龙犬，故其服饰五彩斑斓

五岭之巅盘瑶

在五岭南北的高山之巅，生活着一个被人们称为“盘瑶”的族群。盘瑶，又称“过山瑶”，是瑶族中的一个支系，是个至今仍以穿着民族传统服饰为荣的民族，其服饰多用蓝黑色或黑色布料制作。妇女多以白纱线或红纱线缠头，然后再用瑶锦带缠绕在纱线之外。在左右两耳上方的锦带上，分别垂下九束彩穗，头顶覆盖瑶锦。但另一部分盘瑶则在头顶上罩圆锥形的竹笋壳，用边缘绣有花纹的黑布盖住笋壳，布外用饰有铜钉、铜铃的瑶锦带将布绑紧，做成尖塔状帽子，俗称“小尖头”。老年妇女过去多穿

广西阳朔盘瑶，因其头戴尖头小帽，又称小尖头 ▶

无领无扣的上衣。中青年妇女则穿胸衣遮胸，胸前缝两块红底或黑底的布，左右各一块，俗称“衣襟”，用红、白、绿、黄等色丝线在衣襟上绣各种图案纹样，从领口一直绣到肚脐处，袖口用红花布镶边。腹部挂一块方形绣花围裙，扎宽幅白布腰带，用一条红、黄、绿、白、黑等色绣成的条纹带将腰带扎紧。条纹带两端有30厘米长的彩穗，垂于腰两侧，行走时，穗须飘动，彩色飞舞，异常美丽。

知识链接 据瑶族民间传说和瑶族民间重要历史文献《过山榜》记载，瑶族的始祖盘瓠是评王的一只龙犬，它在评王与高王的战争中协助评王咬死高王立功，被评王赐与公主成亲，生下6男6女，自相婚配，传下12姓瑶人。所以，他们相信盘瓠（龙犬）是氏族的保护神，把它作为氏族图腾来崇拜。由于传说中的盘瓠是一只“五彩斑斓”的龙犬，所以，瑶族服饰无论男女都要在领边、袖口、襟缘、裤脚、胸襟两侧等处绣上图案纹样，有的瑶族还特意把上衣裁得前短后长，有的将头发梳成角头，再盖上花头帕，以象征狗图腾；有的故意将一节腰带垂于臀部之下，或于裤筒两侧绣上红色条纹，以示纪念盘瓠。

龙胜红瑶

广西龙胜红瑶妇女喜着花衣，其衣以青布为底，用红、绿、黄、蓝、白五彩丝线挑绣而成，衣边绣有狗牙状纹样。挽髻于头

唢呐迎亲

上，髻外包一块中心与四角各饰一被称为“盘王印”的菱形图案的头巾；下着百褶绣花裙，用各色丝线制成系裙的腰带，俗称“裙把”。每把12根，每根粗如筷子，长44厘米。系裙时将“裙把”的两头吊于裙外的臀部，行走时，裙尾、左右“裙把”同时摆动，寓意古朴。

当地瑶族崇拜盘瓠，据说瑶族先民漂洋过海时，遭遇大风大浪，向盘瓠求助后，方脱险。又一说为狗给瑶族先民带来稻谷，瑶族才能种稻有饭吃。所以，当地红瑶忌食狗肉，有春节时抬狗辞旧迎新的习俗；逢年过节要先以饭菜敬狗，然后家人才能动筷吃饭。

为了让子孙后代能记住历史，传承文化，红瑶妇女便把对祖先盘瓠的思念，化作狗牙状纹样绣在衣上，做成“裙把”系在妇女的裙外，并把盘王印绣于头巾包在头上。当然，这些图案纹样和着装的式样只有织绣本人和与她同一族群的人才能读懂。这些思想厚重的图案纹样，在外人眼中也许只是一种审美情趣的创作，但在瑶族民众的心中，它却像一位白发苍苍的老人在向后辈子孙默默地诉说数千年前的历史沧桑，承载着瑶族绵延几千年的文化，让它穿在瑶族人的身上，记录着对始祖的追忆与历史的描绘。

大石山区白裤瑶

居住在桂西北大石山区的白裤瑶，一件五彩斑斓的衣裳，就是一部记载民族历史文化的“史书”。白裤瑶这一他称，就因其男子穿白色土布灯笼裤而得名。在其男子的膝盖部位处绣有5条长短不一的红色条纹，形如人的五指。据说数百年前，其祖先为反抗莫氏土官的压迫，率领族人与土官斗争，为保护民族尊严，带伤而战，在裤子膝盖处留下五指血痕。为纪念祖先及其功绩，男子们的裤子膝盖处都绣上5条垂直的条纹。

广西南丹白裤瑶夏衣背面的图案纹样，据说是仿照白裤瑶的瑶王印挑绣而成

白裤瑶妇女的夏装也极为

广西南丹白裤瑶男子白布裤上的5条绣花纹样

别致，妇女蓄发盘髻，包以黑土布头巾，上衣为两幅布拼成的贯头衣，前幅为素静的蓝黑蜡染布，后幅多用浅蓝色的蜡染布绣一正方形图案，据说此图案是模拟当年被土官夺走的瑶王印绣的，用以纪念这一被凌辱的历史。

在南丹莫氏土官统治白裤瑶地区期间，白裤瑶人一直以穿这一传统民族服饰来表达不忘祖先历史，渴望民族平等，争取民主自由的思想。随意地改变民族服饰或不穿民族服饰，都被看作是对本民族的歧视和背叛，轻者遭同族人的鄙视，重者则被赶出村寨。

族群认同的符号

服饰是民族认同的重要标志之一。历史上，瑶族深受封建统治阶级的民族压迫与民族歧视，长期过着迁徙不定的生活，在长期与自然及外族的斗争中，民族认同是团结本民族，以求生存、发展必不可少的重要条件。所以，他们的民族意识非常强烈，而作为民族传统文化外在表现形式的民族传统服饰常被作为本民族的尊严和象征的符号。

历代封建统治阶级大多歧视少数民族的风俗习惯，将其语言

▲

广西龙胜
红瑶织锦

称为“鸟语”，认为其服饰怪异，从清朝到国民政府，都曾多次下令少数民族改装易服，但绝大多数瑶族群众不为所动，依然保持民族传统服饰。广西龙胜泗水乡潘内村瑶族，历史上服饰五彩斑斓，喜佩戴银饰。民国广西政府通过龙胜籍原清朝举人石成山等人发起风俗改良运动，要求龙胜的侗族、壮族、苗族、瑶族群众改革服装，破除一切旧俗，龙胜水银塘、金坑、潘内民团通过制定乡约，规定：

一凡妇人喉圈、银炮、银带、银树四件。决议政除旧服，准限三年禁绝，如有不遵，公罚不恕。一凡古风服制五彩，从今改起除，以青为服，不许编织彩衣，若不遵禁，鸣团公罚不恕。

此“乡约”虽刻碑立于村旁，但因瑶族村民反对，结果不了了之。

中华人民共和国成立后，人民政府尊重少数民族的风俗习惯，这些地方的瑶族妇女又重新穿回本民族服饰。他们通过穿着民族服饰来认同自己的本民族成员，或与其他民族成员进行区分，这种根深蒂固的民族意识对其后人影响很大。在广西白裤瑶地区，直到20世纪70年代，外出当兵退伍回家的白裤瑶青年男子，回到乡镇所在地时，仍必须先脱下军装，换上白裤瑶传统服饰，方能回村。

服饰文化是民族文化的表象特征之一。从中国的文献记载来看，古代中原地区的文人、官商对五岭南北与西南地区瑶族的认识大多也是从服饰的色彩、款式开始的。

云南金平金河镇干塘村水碓冲红头瑶（小尖头）老年妇女在刺绣

瑶族是个地处边疆、支系较多的山地游耕民族，他们在历史上没有建立过统一的政权，也没有使用过与本民族语言相一致

知识链接

红瑶　广西龙胜的红瑶因其女子穿着红色丝线绣制的红上衣而被他人称为“红瑶”。

花瑶　广西融水一带的花瑶，因其女子从头饰、衣、裙到脚上的鞋，都绣满五彩斑斓的纹样，人们便美誉其为“花瑶”。

白裤瑶　广西南丹县的白裤瑶，则因其男子都穿白色土布灯笼裤而得名。

花头瑶　广西十万大山山子瑶，因其妇女头上佩戴银饰，用红丝线缠头，盖绣花头巾，巾角还用彩珠、红绒线连结成穗，垂于两耳旁，整个头部装饰得斑斓绚丽，被称为“花头瑶”。

花蓝瑶　广西大瑶山的花蓝瑶，其女子服饰均绣有精美的图案纹样，色彩斑斓，被他人称为“花蓝瑶”。“花蓝”，花花蓝蓝之意，即赞誉其服饰美丽。

▲

十个手指都戴戒指以示美与富有的广西田林县盘瑶女子

的、统一的文字，族群文化差异性很大。族群文化的差异很多时候是表现在服饰的差异上。历史上，虽然古人也对广西的瑶族做过许多研究，但很多人对瑶族的历史文化了解不深，对瑶族众多的支系仍知之不多，没法区分其族群文化，他们更多的是从服饰的差别上去认识、了解不同支系瑶族的族群文化。他们将穿着不同服饰的瑶族分别称为“红瑶”“花瑶”“白裤瑶”“花蓝瑶”“尖头瑶”“顶板瑶”“蓝靛瑶”“黑裤瑶”“长袍瑶”“平头瑶”“尖头瑶”“青裤瑶”“大板瑶”“长发瑶”等。

历史上，瑶族由于长期不断的迁徙，很多时候，“他乡遇故人”，除了语言、风俗习惯的认同外，民族服饰也是瑶族族群认同的标准之一，因为这是他们祖宗留下来的东西，是千百年流传下来的“根”。改革开放后，笔者曾多次应邀参加或带队到泰国、美国、越南的瑶族社区考察，听说我们的考察团中有瑶族成员，当地的瑶族都穿上瑶族服饰前来迎接，他们认为，瑶族见瑶族，就应该穿瑶族服饰。

广西南丹白裤瑶男女服饰 ▶

过去，瑶族男子成年时都要举行度戒。只有度过戒的男子才被公认为瑶族的真正后代，才能传宗接代，受本民族人的尊敬与爱戴。凡不履行度戒仪式的男子不算是瑶家人，死后会沦为死鬼无人供奉。度戒时，受度戒的男子必须穿着民族传统服饰，否则鬼神不认，祖宗不理，没法度戒。在广西贺州一带，不仅受度戒者要穿着本民族服饰，甚至连参加度戒仪式活动的受度戒人的妻子也要穿着民族服饰，而且要盛装打扮。在这里，服饰成了身份与族群认同的符号。

在南丹县里湖瑶族乡怀里村怀里屯和龙胜各族自治县和平乡金江村黄洛屯，绝大多数的瑶族村民都认为死后应该穿本民族服饰。他们认为，如果不穿本民族服饰，怕到阴间后祖宗不认他们。正由于各民族的服饰截然不同，通过服饰的不同，人们很容易将其所属的民族加以认定。在他们的心目中，服饰既是一种特殊的容器，承载着本民族绵延了几千年的传统文化；又是本民族特有的徽记与标志，无论走到哪里，都可以以“衣”认人。

性别、年龄与婚姻的标志

服饰在性别差异中的呈现

瑶族服饰性区别的形成，除了受到男女之间在礼仪上的差别影响外，更重要的是受到男女之间不同的社会分工和男女生理上的不同需要的影响，在这些因素的影响下，瑶族男女之间在服饰上的性差别才越来越大。据史籍记载，古代瑶族男女的服饰差别不太大，均穿短衣短裙。但清朝之后，这种情况有了很大的变化。一是男子逐渐弃裙穿裤，或裙裤均穿，而裙多作装饰用，裤的实用功能日益明显；二是男子的服饰日趋简便单调，妇女服饰日趋追求华丽，装饰繁缛复杂。最后，男子穿裤，女人穿裙或裤成为服饰文化中的一种约定俗成的习惯而根深蒂固地保留在人们的思想意识中。

现在，瑶族男女服饰都有一定的区别。男子服饰一般多庄重、沉着、朴实，上衣多为大襟或对襟短衫，下穿长裤，冬天裹脚绑，服饰式样较为简单，图案纹样简洁明快，充分显示出男子的英武刚阳，强健剽悍之体态。女子服饰比男子服饰复杂，种类较多，花色式样层出不穷，装饰丰富，纹样繁多，色彩对比强烈，做工精致，并在实用的基础上追求装饰的美学原理与审美情趣，以表现女性的娇美、婀娜，一些贵重的金银首饰，也主要装饰在妇女身上。妇女平时多穿大襟右衽衣，下身穿百褶裙或宽筒短裤。裙长短不一，有的过膝，有的仅到膝盖，颜色有蓝、青蓝、黑、紫和白色之分，裙缘刺绣或镶阑干，尤其是蜡染绣花裙，花纹斑斓，佳丽厚重，再佩上银簪、银冠、手镯、颈圈等银饰，与朴素简单的男子服饰相比，更觉十分华丽。以南丹县白裤瑶为例，其男女之间服饰的性区别十分显著。男子上穿无扣交领衣，下穿长到膝盖的白土布灯笼裤。女子夏天上穿无袖无扣“贯头”蜡染绣花衣，冬天穿右衽衣，下穿百褶蜡染绣花裙。男女服饰泾渭分明。

▲

广西南丹白裤瑶女子夏衣

服饰在成人礼中的展现

在古代社会，尤其是在原始部落、族群中，人们都将少儿成长为成人看作是人生中的一件大事，对少儿成为成人的年龄界限看得非常重要。只要少儿一进入部落、族群公认的成人年龄，举行一定的仪式，就意味着他从此开始成人，成为本民族承认的、正式的社会成员，可以参加部落、族群中的各种会议，可以谈情说爱、结婚生子，并有为本部落、族群的利益去斗争，甚至献出

广西巴马东山乡番瑶小学生 ▶

知识链接 **广西贺川瑶族戴木帽仪式** 举行仪式前，父母亲要上山砍油桐树制作木帽，并在家中正屋前搭一间小木房，房内空间窄狭，仅容一床一桌，供姑娘与情人幽会，俗称“情人房”。择吉日举行仪式，召同村年龄相仿的好姐妹同聚于姑娘家中，由母亲当众姑娘的面把女儿所戴的绣花绒帽脱下，将发剪得只剩头顶一小束，然后将木帽戴于姑娘头上。从此，姑娘便可搬入“情人房”单独居住，每当夜幕降临，一首首缠绵的情歌如云雾环绕于小木房周围。

生命的义务。故《礼记·曲礼上》说："男子二十，冠而字。父前之名，君前臣名，女子许嫁而笄而字。"就是说男子到20岁才可行冠礼，表示从此结束"垂髫"的少年时代，束发戴冠，宣告已经长大成人。

广西贺州土瑶女子

瑶族大多分布在山区，地处偏僻，交通不便，与现代社会交往较少，因此在人生礼仪上也留下较多的传统习俗，不少家庭和族群仍十分重视成年礼，在服饰礼仪上主要表现为参加成年礼仪的青少年还要进行改穿成人服饰的仪式，通过服饰的变更来确认身份的变化。虽然不少仪式已由繁入简，但仍十分严肃，容不得半点轻视和亵渎。广西贺州土瑶女孩儿，幼年时戴绣花绒帽，十四五岁时，父母亲便为她举行戴木帽仪式。姑娘一旦戴上木帽，便被公认已长大成人。

正在赶路去做祭神仪式的广东连南八排瑶师公

广西大瑶山一带的茶山瑶认为，小孩儿是"花婆神"送到人间来的。为了酬谢花婆神，必须在小孩儿出生后到15岁之间先后举行"架七星桥""架水沟桥""架冲桥""做前身鸡""做前身鸭""做前身猪""做平楼""还花"等八次酬神仪式，俗称"还花"。其仪式可一个人单独做，也可以兄弟姐妹数人共同举行。最后一次仪式"还花"一般在15岁时举行，以标志小孩已经成人，从此脱离"花婆神”。其仪式极为隆重，耗费很大，须杀4～7头猪，鸡若干，孵化过的鸡蛋若干，共凑成九牲，或十五牲，或二十一牲祭品，请师公数人祈禳一昼夜，击长鼓，吟唱《还愿婆皇上筵南堂歌唱》等经书。最后，参加“还花”仪式的孩子换上成年人的新衣服，在师公率领下，反复4次，穿过用竹片、白布、纸花等扎成的门楼，意为从此成为大人，可独自参加各种社会活动。

服饰因人的年龄大小不同而有所区别。在人生的不同阶段，随着年龄的不断增长，不仅造成了人生理上的差别，而且在服饰上也形成了不同的类型和风格。这种因年龄大小而发生的服饰差别，主要表现在发型、头饰以及服饰式样的大小、图案纹样的多寡和色彩的艳素上。

头饰与发型

头饰也是区分年龄的一个重要标志之一。瑶族头饰千姿百态，有塔式、平顶式、絮帽式、圆筒式、飞檐式、银簪式、包帕式等。广东连南排瑶，未婚女子蓄发扎朝天髻，髻上插山花、白鸡毛，饰彩珠、银饰；已婚妇女盘髻于头顶，用一瑶锦带将发髻扎紧，髻上套一油桐树皮做的小圆筒使发髻高耸，再覆以一块蜡染方形头帕。广西大瑶山一带的茶山瑶，女孩子童年时将3块刻有图案纹样，呈三角锅灶形的银板置于头上，以红色绣带系紧，俗称“锅灶头”。人生步入少年，头饰必须改装。将3块长约30厘米，宽约3厘米的直状银板用布带和绣带固定置于头顶，再以一白布帕覆盖为饰，俗称“曼头”。举行“还花”仪式后的成年女子改用3块长约40厘米，重约0.7公斤，两头翘起的银板置于头上，以绣带系紧，脑后披一长约50厘米的白布，微风吹来，上下飘动，甚

广西大化布努瑶头饰

为美观。因此，从妇女的头饰便可识别老少、婚否，在歌圩上找对象或对歌时，就不会错点“鸳鸯谱”了。

发型是服饰的一个重要组成部分之一，也是瑶族区分年龄和婚姻的一个重要标志。过去，广西融水白云乡瑶族喜将长发分成若干股盘髻于头上，少女将长发盘如髻状后，将发梢扎成圆拱状发圈立于头上，结婚后就不再梳此发型。

龙胜和平乡黄洛村红瑶，妇女喜留长发，有“天下长发第一村”之美誉。当地红瑶女孩子13岁时便开始蓄发，一生之中只在16岁时剪一次头发，以象征长大成人，此后，终生不剪。待字闺中的姑娘从不把头发轻易示人，盘长发于头，形如螺丝，然后用头巾将满头黑发包得严严实实，不让外人看见一缕青丝。当地习俗认为，只有新郎才有资格第一个见到新娘的秀发。结婚之后，就梳长发盘髻于前额，再用一块头巾包住发髻，露棱角而不露发

▲

广西龙胜黄洛红瑶水中梳洗长发

广西龙胜红瑶“天下第一长发村”

髻。生孩子当妈妈后才把头发直接盘在头顶上。她们认为头发是人的精血，尤其是妇女的头发，更是生命的象征，所以女子都留长发，一般妇女的头发都有1米以上，最长的有1.9米，创下“群体长发之最”的吉尼斯世界纪录，该村亦因有60多名长发妇女而被外界誉为“天下第一长发村”。

白裤瑶男女小时都剪短发，十三四岁便开始留发，标志已为成人，从此便可参加成年人的社交活动。已婚男子将长发盘头，外缠布带；已婚女子则将长发束于头顶，结成从后往脑前伸的长形发髻，再包以蓝黑布头巾，以布带扎紧。

连南八排瑶，结婚前后头帕的包法都不一样。清人李来章《八排风土记》载：

（瑶）女年至将嫁，发长以为羞，择日于私室梳髻，以五色绒绣红布，缝为头包，其名曰“帕”，其状上尖，左右两角下圆，罩发，昼夜不脱，不令人见。嫁后三年，换白布，不绣绒。

民间信仰的展现

在当今世界上，每个民族大多都有自己的宗教信仰，并形成自己的宗教文化，它深深地渗入民族文化和社会生活的各个方面。特别是在服饰形成的初期阶段，宗教和服饰艺术就像一对孪生姐妹，相互之间有着千丝万缕的联系，相互渗透，难以区分。

在瑶族的原始宗教信仰中，盘瓠图腾崇拜的影响最大，据瑶族民间传说和瑶族民间重要历史文献《过山榜》记载，庞新民《两广瑶山调查》说：“瑶人头饰，女人帽之尖角，像狗之两耳，其腰间所束之白布巾，必将两端做三角形，悬于两股上侧，系狗尾之形。又男子裹头巾将两端悬于两耳之后，长五六寸，亦像狗之两耳。男子腰巾结纽于腹下，如上述之垂以若干铜钱者，像狗之生殖器。瑶人相传彼祖先乃一狗头王，故男女装饰均取像狗之意。”刘介先生亦认为，瑶族服饰上的红线条与其图腾崇拜有关，他在《苗荒小记》中说：

狗头瑶祀狗。据苗人所传，瑶之始祖父犬而母人。或曰：女为高辛氏公主，生子四，挈犬出猎，犬老惫不能工作，子怒，推诸河，死焉。及归，其母问犬，子以告，母大恸，以实语之，子亟赴河，负犬尸还。犬时口流鲜血，沿子胸部而下，子哀之。自后缝衣，必纫红线两条，交叉于胸，所以为念也。……瑶之衣服，今犹相沿不变。

知识链接 过去，瑶族无论男女都缠头巾，扎绑腿，究其原因，据瑶族民间传说，盘瓠与三公主结婚后，白天在人前仍是龙犬，晚上却是个美男子，他身上的斑毛就是色彩斑斓的龙袍。一天，三公主对龙犬说：“你晚上可以变成人，索性变成人不更好，何必白天又变成狗？”龙犬对妻子说，只要把他放在蒸笼里蒸7天7夜，便可脱净身上的毛变成人。于是三公主照龙犬说的去办，当蒸到6天6夜时，三公主担心把龙犬蒸死，便揭开蒸笼盖看，见龙犬果然已变成人，但因蒸的时间不够，所以头上、腋下、脚胫上的毛仍未脱落。而再盖起来蒸已无作用了，于是只好把有毛的头、脚径缠裹起来，据说这就是瑶族包头、扎绑腿的来历。时光如箭，往事如烟，这色彩缤纷的头巾、绑腿已成为瑶家子女对祖先创世的信仰展现。

在原始社会初期，人类曾主要依靠采集野生植物和猎取动物来充饥，以求生存。由于野生植物和动物是这一时期人类生存必不可少的东西，同时，由于受万物有灵思想意识的影响，所以，人类便把这些与自己生存关系密切的动、植物尊奉为神，加以崇拜，这是原始宗教的一种普遍现象，特别是对龙、凤的崇拜尤为突出，这种崇拜在服饰上也有所反映。

广西防城花头瑶

瑶族妇女喜欢把龙、凤的形

象绣制到服饰的图案纹样中，特别是男女青年随身背挂的瑶锦袋上，其龙、凤图案的造型更是生机勃勃，栩栩如生。广西防城港市防城区那良镇高林村山子瑶保存的一件山子瑶道公服饰，其正面分别用黄、绿色绣两条长龙和鱼，背面分别绣两条龙、犬及数百个人物图像。

知识链接 **安龙** 古代瑶族多把龙作为神来看待，认为龙是掌管雨水的动物神，企图通过对龙的祭祀和崇敬来获得龙的恩赐，以保风调雨顺，所以，常在天旱和丰收之后举行对龙的祭祀。一些地区的瑶族，每年春秋社日，都在村前的平坝上进行“安龙”的集体祭祀活动，祈求龙神庇佑风调雨顺，普泽万民。瑶族服饰上的龙纹饰，正是这一宗教信仰的反映。

瑶族有崇拜太阳的习俗。瑶族对太阳的崇拜不仅表现在日常的崇拜仪式上，而且在民族传统服饰上太阳纹的图案纹样也无处不在，在瑶族服饰图案纹样中，太阳纹是最常见的图案纹样之一。广西盘瑶妇女的头帕和小孩儿的背带上都喜绣光芒四射的太阳纹，俗称“太阳花”。“太阳花”一般用红、黄二色丝线绣，以象征太阳的颜色。先用红线绣成圆点，再用红线配黄线绣四射的光芒。绣好后，太阳纹一般都要在头部正前方，以示神圣庄严。许多瑶族儿童的帽子上，往往都钉缀有太阳纹的银饰。一些妇女的绣花衣和蜡染衣上，也装饰有太阳纹的图案纹样。

广东韶关瑶族女子盛装

一方水土一种衣

生态环境是人们赖以生存的物质基础，是人们进行物质文化及精神文化的活动场所。瑶族主要分布在五岭南北一带的山区，地域辽阔，山脉纵横，地形复杂，气候差别明显。这种不同的生态环境，优越的气候条件，复杂的地形，丰富的植物资源，既为瑶族传统服饰的制作提供了丰富的资源，同时又使各地瑶族服饰的式样与风格各具特色，从而形成服饰文化的地域性与多样性。放眼五岭南北，各地瑶族服饰，山上与山下，平坝和山区，都各有差别，服饰的式样和风格也各具特色。瑶族服饰正是以它鲜明的民族特色和地域风格所放射出的独特光彩，跻身于五彩缤纷的服饰世界，并引起人们的兴趣和关注。

瑶族多居住在山区，由于长期从事刀耕火种的山地游耕农业和采集、狩猎生活，山高路陡，草深林密，出门不是爬山就是下坡，走路时既要下肢大幅度地运动，又要防荆棘草丛割伤皮肤。所以，男子的裤裆都较宽大，以利奔跑；为保护身体不受外界伤害，男女都包头巾，打脚绑。一般说来，瑶族男子上穿对襟或右衽铜扣衣或交领衣，下穿宽筒长裤，腰和小腿绑扎布带。妇女穿圆领花边对襟或右衽长衣，下穿挑花长裤或百褶裙，扎绣花腰带、围裙、绑腿。但由于各地瑶族所处的地理环境不同，经济生活各异，服饰的式样和风格也各具特色。

广西地区的瑶族服饰

广西田林县盘瑶 妇女喜用蓝靛染成的黑土布制作服饰，纱粗布厚，穿着暖和。用一条2米长、3厘米宽的黑布巾缠头，两端绣有红、绿、黄、白相间的彩色纹饰。包头时，先将头巾折成6厘米宽，层层缠绕，在额前交叉为“人”字形，让两端的彩色纹样全露于前额。再往前额的头巾上插一朵红花，让人感到一种纯朴的青春美。上衣分为内、外衣，外衣为无领无扣对襟长衫，衣长过膝，几乎与裤脚平，腰部以上的两边衣襟绣有8～12种不同的图案纹样，图案纹样两侧挂一串朱红色绒球；袖口用红、黄、

广西田林县盘瑶妇女

蓝、白、黑五色布镶边，后颈部领缘用三角形红、白布镶边，后背挂几十根饰有玻璃珠串的红色丝穗，或挂一块中间黑，四周蓝的方布披肩，蓝、黑布相接处及方布边缘均镶红、白布条，用一条约2米长的黑布腰带将衣服系紧，腰带两端有挑花图案纹样和长穗。内衣较简单，用一块方布挖洞穿头挡在胸前，挂在胸前的半幅为红布底，边缘镶白、黄、红布条，十分醒目。挂黑底青布边围裙，镶花白线边，和青色或黑色的宽筒长裤相配，显得雍容大方。

广西田林木柄瑶男子习惯巾包头

广西田林县木柄瑶　男子习惯以巾包头，头巾中间镶绣白色纹饰，包头时，巾两端于额前两侧斜上伸出，形如一对玲珑小角。上身穿左衽短衣，用5厘米宽的白布带束腰，两端绣花缀缨，垂于两侧腰下约50厘米。下身穿长裤，裤外系下摆镶白边的百褶短裙，小腿扎绑带。女子服饰大致与男子同，但衣袖略短，且镶边，下穿平膝或过膝的百褶裙。

蓝靛瑶男子则用1米多长的黑布巾包头，上身穿开襟短衣，左襟用红布镶边，钉铜扣，两腋下和后脊梁对直下的衣缘均开5厘米长的衩，下穿长裤。其女子头上盖一块头巾，中间绣黑色图案纹样，两端为15厘米长的白细纱。用一个圆形银簇将头巾套在发上，银簇由30多片形如鱼鳞的银饰组成。上身穿长过膝盖的无领对襟衣，穿时把前后衣襟都翻上，然后用彩色织锦带系在腰间。两侧从腰部处一直开衩到衣脚，开衩处及衣襟均用红布镶边。由袖口往衣袖分别镶约10厘米宽的红布、10厘米宽的浅黑布及1厘米宽的红布，下身穿长裤。

广西田林木柄瑶女青年

广西田林、西林、凌云、巴马及云南一带的蓝靛瑶 因其喜种蓝草，沤制蓝靛染制服饰，故被他人称为“蓝靛瑶”。其男子用蓝黑色土布头帕缠头，上穿蓝黑色土布对襟衣或琵琶襟衣，下穿蓝黑色土布宽筒裤。女子留发盘髻于头顶，发上盖银质头盖，用以蓝黑色头帕将发髻与银质头盖包裹，形如布帽，再用白布带将其扎牢。上穿长到膝盖的蓝黑色土布对襟衣，衣领、胸襟均用

云南河口蓝靛瑶男女青年

云南河口蓝靛瑶男女青年

红、黄、蓝色丝线挑绣图案纹样，袖口镶绣红、绿、黄色干栏。胸前佩戴银饰，或是用数块银饰做扣，扣住数束红丝穗，挂于领口下。下穿蓝黑色土布宽筒裤，裤脚处亦镶青、红色干栏。

广西十万大山山子瑶 妇女喜用银质梅花发罩罩发髻，发罩顶部是一个八角星的圆形银片，四周上下两行排列插上32块小圆银片。先用红丝线缠头部七八圈，再将发罩箍紧于头上，最后用一块绣有纹饰的方形头巾盖住头部。位于左右两耳上的头巾角，用彩珠和红绒线连结成穗，垂于两耳旁。因头部装饰美丽如花，当地群众称之为“花头瑶”。上身穿后襟长过膝关节，前襟在膝上的无扣交领衣，领口绣花纹，前襟镶约6厘米宽的红布边。挂一块绣有花纹的胸围，胸前两边各坠彩穗，袖口各镶8厘米宽的红、蓝布花边。束红、黄、白、蓝色丝线织成的腰带，两端缀红绒线彩穗。下身穿长仅50厘米的短裤，裤脚用红或蓝丝线镶边。小腿着脚套，用彩色丝带系紧。行走时，将上衣后的一幅衣角撩起扎在腰带上，既凉爽，方便行走与劳动，又能显示青春的健美。

广西十万大山板瑶 妇女则在头发上绑一块红布包的顶板，顶板用2米红布，3米其他颜色的布叠成5厘米宽、10厘米长的布条，依次共叠28层扎紧而成。戴时先将头发编成一条辫子卷于头顶，用绳扎住，再用黄蜡封好，然后再将板固定在头顶的蜡发上。最后，用一条两端绣有纹饰的2米长的白布或白花布盖住顶板和耳朵，扎紧于脖子上。以其头饰之大小而又有大板瑶、细板瑶之称。上身穿无领对襟衣，胸前、领口周围均镶有花边和瑶锦，衣的两边下摆各开一个13厘米长的叉，束两端绣花的白布腰带。下穿长裤，裤脚处用红、黄、黑三色绒线绣10厘米长的花边。一身穿着花衣花裤，五彩斑斓。

广西十万大山大板瑶

广西融水苗族自治县瑶族 男子用红头巾包头，巾上覆盖瑶锦，锦上缀20余条彩色珠串。上衣以红为底，四周镶蓝布边，腰以上的衣襟边缘均饰瑶锦。对襟、无领、无扣、无袖，内衬黑布长袖衣，穿时以白布腰带束之。下穿黑布长裤。妇女以黑布包头，上顶人字塔形彩色桂冠，彩线交织，色珠串串。身穿黑布衣，肩、背、胸披倒鹅蛋形的彩色披带，颈挂两圈银项链，胸前缀满大中小型方、圆服饰。一身装饰富丽堂皇。姑娘用蓝黑布头巾包头后，再在头巾外加以装饰，整个头饰像个绒帽。戴耳环，挂项圈。穿无扣交领衣，坎肩、胸襟镶上瑶锦，衣袖镶红、绿彩色布条和瑶锦，系蓝黑色腰带，胸前系菱形围裙。下穿平膝或过膝百褶裙，裙上嵌深红色的长布帕，打脚绑，穿绣花鞋。

广西融水瑶族盛装

知识链接 **“花瑶”** 该县的花瑶服饰又略有不同。男子包黑布头巾，呈圆筒状。秋冬季节，男子数件上衣，内衣开胸对襟，外衣为右衽黑布衣，从里到外依次缩短，最外面一件最短。每件衣服的颜色各不相同，一眼望去，所穿衣服尽收眼中。下身穿黑色窄口裤。整个打扮十分精悍。女子卷发于头上。上身穿无扣交领衣，衣袖镶满彩色布条，扎蓝黑色布腰带，腰带下系菱形围裙。下穿百褶裙，裙下摆绣数条彩色阑干，打脚绑。因其服饰从上到下都绣满色彩斑斓的纹饰，因而被人们称之为“花瑶”。

广西龙胜各族自治县瑶族 该县盘瑶喜穿青蓝色服饰，男子上衣为低领对襟，系布扣，长至肚脐略下。下穿长到膝盖下的窄口裤，绑青色三角脚绑。妇女头戴瑶锦帽，四周挂满串珠彩

广西龙胜红瑶未婚与已婚女子盛装

穗。身穿开胸对襟衣，上披一个工艺极为精致厚实的垫肩，衣襟绣花边，结实多彩的腰带扎住一条图案古朴的围裙。下穿长至膝下的窄筒裤，裤脚滚花边，小腿缠绑带。该县红瑶服饰又有不同，其女子头包黑头巾，头巾的中心及四角各有一颗菱形图案；姑娘和已婚但未生育的妇女包头时将发髻包在头巾里，露棱角而不露发髻，当妈妈后就不再包发髻了，上身穿红色绣花衣服，或是全用红绒线织成，或是在黑布衣上全部挑绣各种纹样，盖满衣服。下身穿百褶绣裙，扎绑腿。

广西三江侗族自治县瑶族 男子服饰较简单，头包黑布长巾，身穿紫黑色素服，上衣无领对襟，下穿窄筒裤。节日、走亲戚时穿几重衣，里长外短，以示富有。妇女蓄发盘髻，穿无领花短衣，围花肚兜，束花腰带；下穿紫青色长裙，缠素色绑腿。行走时裙幅飞舞，有如张网之状，十分引人注目。

知识链接 **瑶族头饰** 瑶族男女均喜用绣花头巾包裹头部，有的妇女则用白棉纱或毛线缠头。头饰式样千姿百态，有塔式、平顶式、钢盔式、飞檐式、银簪式、絮帽式等。

广西金秀瑶族自治县 境内共居住着盘瑶、茶山瑶、坳瑶、花蓝瑶和山子瑶等5个支系的瑶族。茶山瑶主要居住在金秀河沿岸，花蓝瑶多居住在山朝，坳瑶、盘瑶、山子瑶多住在山顶和山坳。由于各支系所处的地理环境不同，在服饰上便各有特点。男子服饰，除部分花蓝瑶和茶山瑶还保留民族特色外，其他各支系男子服饰均与当地汉族服饰无多大区别。女子服饰则很复杂，不仅保留了古老的民族特点，而且各支系的服饰都不太一致。

盘瑶 多用蓝黑色或黑色布作服饰布料。妇女多以白纱线或红纱线缠头，然后再用瑶锦带缠绕在纱线之外。在左右两耳上方的锦带上，分别垂下九束彩穗，头顶覆盖瑶锦。但另一部分盘瑶则在头顶上罩圆锥形的竹笋壳，位于脑后部位的笋壳上有可以通风的洞孔，用边缘绣有花纹的黑布盖住笋壳，布外用饰有铜钉、铜铃的瑶锦带将布绑紧，做成尖塔状帽子，俗称“小尖头”。上衣长约60厘米，无领无扣，老年妇女过去多穿此衣。中青年妇女则穿胸衣遮胸，胸前缝两块红底或黑底的布，左右各一块，俗称“衣襟”，用红、白、绿、黄等色丝线在衣襟上绣10余厘米宽的各种图案纹样，从领口一直绣到肚脐处。袖口用红花布镶边。腹部挂一块方形绣花围裙，扎宽幅白布腰带，用一条约5厘米宽的红、黄、绿、白、黑等色绣成的条纹带将腰带扎紧。条纹带两端有30厘米长的彩穗，垂于腰两侧，行走时，穗须飘动，彩色飞舞，异常美丽。

茶山瑶　男子用绣有彩色纹样的长头巾缠头，穿无领对襟布扣黑布衣，束白布腰带，下穿黑布宽筒长裤。女子用三条不同色调的布带包头，扣紧头顶，再用三块长约40厘米，宽约7厘米，重约0.5公斤，两头翘起似飞檐的银板戴在头上，雪白的布巾披在脑后。上身穿右衽无扣花边衣，衣缘、襟边、袖口均绣上以红为主的纹样，腰扎两端绣花、穿缀银珠和彩絮的腰带，下身穿长过膝盖的短裤，小腿着以制作精美的脚套。也有部分妇女下身穿长裤。

广西金秀茶山瑶女子

广西金秀坳瑶

坳瑶　男子头扎白布巾，身穿无领对襟黑布衣，束白色绣花腰带，下穿黑色长裤。女子用竹壳做成梯形的竹帽戴在头上，外边裹扎头巾作为装饰。上身穿黑布交领花衫，无扣，穿时先用白布带扎住，再以瑶锦带束紧。下身穿黑布短裤，小腿套脚套，以彩带束紧。

花蓝瑶　妇女将长发梳为半边头，平眉线处将其倒挽于头顶，用银夹夹上，然后用黑布缠绕，形成前额开阔，下部宽大的网帽，将耳、眉毛都遮住。上身穿黑布无扣交领衣，长至臀部之下，束白布挑绣腰带，或以红、黄、青、橙、绿、黑、白色细纱编织腰带束身，胸襟对称镶5厘米宽绣花带，花纹细腻，纹样小巧清新，衣袖和衣脚分别刺绣30厘米和8厘米宽的图案纹样。下穿长到膝盖的短裤，小腿扎瑶锦绑带，外用彩色瑶锦带将绑带系紧，锦带两端的彩穗垂于小腿两侧，脚穿木屐。

广西金秀花蓝瑶男女

山子瑶　女子常在发髻上罩围箍，箍外包以瑶锦头帕，重叠四五层。穿黑色无扣右衽衣，衣领、襟缘以红、黄丝线织绣图案纹样，腰系彩色锦带，下穿黑色长裤。

广西金秀山子瑶女子

广西恭城瑶族自治县瑶族　男女均用绣花头帕缠绕于头上，形如大圆盘，在圆盘的上方伸出一节数厘米彩带，末端缀穗。上穿无扣交领衣，领口、袖口均挑绣图案纹样，扎黑布或白布腰带，下穿长至脚踝上的宽筒绣花裤，绣工精致，色彩华丽。

广西桂平市瑶族　男女都用长条彩带包头，层层叠叠地扎住头部，或圆或扁，或高或低，再配上多色花巾、彩带或丝穗，显得风度翩翩。一般说来，男子多包圆盘形，头顶用布盖住头发，然后用长条彩带盘头，在左耳上方的圆盘上伸出一节数厘米的彩带，末端缀穗，垂于肩上。穿对襟衣，系布纽扣，背上披两块重叠的方形黑色绣花披肩。20世纪70年代后，披肩边缘改用红、黄、蓝三色布镶边，中间为织有瑶锦的黑布。腰扎三五条锦带，系黑色绣花围裙，裙带末端的丝穗垂于臀部左右两侧。穿长裤，缠绑腿。女子将头包为圆盘形或扇形，再在头上盖一块织绣得十分艳丽的瑶锦。除前额外，其余部位的瑶锦边缘全缀有红色彩穗，垂于左右两侧和脑后。也有的用布叠成板状帽顶，盖于圆盘上，上面再盖两条花毛巾，让毛巾的丝穗分别垂于左右两侧的耳旁。上身穿长到膝盖的无扣交领衣，襟边绣花，前胸缀上、中、下三排用红丝线和红、白、黑、蓝等色珠子串结而成的丝穗，身后也挂一串红丝穗，覆盖于披肩上，腰束7条锦带，腰前系绣花围裙，腰后系一条用数百条红丝线联成的腰裙。下穿宽筒裤，裤脚镶绣花布条。

广西都安、大化、巴马等地布努瑶　男子头缠黑布带，两端绣瑶锦、缀彩穗。缠头时，让两端的彩穗分别垂于脑后左右两侧。上身穿无领对襟阔袖短衣，穿时左襟略盖过右襟寸余，下穿宽筒长裤。盛装时在衣裤的边缘镶绣图案纹样。女子将发

广西大化布努瑶女子

盘于头上，在发上插银钗、银簪等首饰，头顶竖一块银牌，再缠上绣花头帕，帕上挂银链，额前垂串珠。满头的串珠、银饰，像一朵盛开的菊花；上身穿长至肚脐的右衽衣，肚脐下系一条长约30厘米的百褶裙，下穿宽筒长裤，袖口、衣襟、裤脚均镶绣花边。

湖南瑶族女子

湖南地区的瑶族服饰

湖南瑶族多以青、蓝布为衣。其女子一般蓄发挽髻，有的盘髻于头顶后再涂上蜂蜡，然后蒙以卷成尖角而高耸的织花青布头巾，耳垂大环，手戴银钏。过山瑶女子上穿齐领长袖对襟衣，长可蔽膝，穿时用长腰带扎紧。领口、袖口、衣缘均镶绣五彩斑斓的图案纹样。胸前挂青布围裙，上下均用银链系住。下身穿裤，裤脚处绣花纹。外出时，打绣花脚绑，并套花布套于脚面，俗称"靴筒子"。男子衣裤与女子略同，但少绣花纹。丘陵地区的平地瑶，妇女便装为右衽衣，多以青布或蓝布制作，素净无花，袖长而细。盛装衣裳袖短宽大，用青布镶边，右襟开口，上方系银扣两枚，俗称"大装衣"。男子上衣为右襟开口的长袍，裤子宽大。

湖南江华瑶族自治县过山瑶　男子用一条宽约0.3米、长约2~3米，两端绣花的青色或蓝色头巾包头，盘时将两边往中间折三下盘于头上，在耳边处露出10余厘米长，形如两角。上穿无领布扣衣，但扣子很少，仅有一两个扣子，领围、袖口、衣边均绣有花边；下穿长裤，裤脚亦绣有花边。其女子盘发于头顶后，一般用青蓝布包扎，或用黑色或蓝色绣花方巾包头；也有的将头巾做成帽状戴于头上，上面刺绣图案纹样，四周再缀以彩色丝绒做的小绒球。上穿对襟布扣衣，袖口、领口、衣边均绣花边，以银链系围裙于胸前，束长腰带，挂耳环，戴手钏，身佩银扣、银

湖南郴州
瑶族男子

湖南郴州
瑶族女子

牌、银签、银针筒，下穿绣花裤，行走起来铿锵有声。其平地瑶男子用头巾从脑后往前包头，并让头巾的两端自然伸出，形如两角。平时穿蓝色或青色无领、无扣、窄袖衣，下穿宽筒长裤；节日盛装为右襟开口长袍，下着宽筒长裤。其女子平时喜戴头巾，用蚕丝雨蓝黑色纱线混织成田字方格巾，长约0.8米，宽约1米，覆盖在头上。平时穿右衽窄袖衣，下着长裤。盛装时脑后别银簪，头插7朵银饰红花。上身穿短袖右衽衣，袖口、衽边镶2厘米宽的阑干，系绣花围裙，胸前佩戴银饰，下穿长裤。寨山瑶男子则上身穿对襟立领布扣衣，一件件重叠外露以示美，下穿宽筒长裤。其女子穿月蓝色右衽短袖衣，下着长裤。

湖南隆回瑶族　女子的头巾用青、白色丝线织成数米长的方格粗花布和用红、黄色线缀成发带，带上绣满彩色图案纹样，两端缀各色丝线、彩球、亮珠，重约0.75公斤，戴时将头巾圆盘帽状，戴于头上，头巾两端的丝线、彩球、亮珠垂过肩头，头颅摆动时，丝线、彩球、亮珠摇曳生姿。上穿无领对襟布扣长衫，袖口刺绣，红布卷边，腰束各色花布结成的圆筒腰带。夏秋季节将

湖南常宁新田过山瑶女子传统盛装

湖南常宁新田过山瑶女子服饰

衣摆卷在腰间，春冬季节天冷时则将衣摆放下御寒。衣服颜色因年龄不同而有差异。老年妇女穿灰蓝色，中年妇女穿深蓝色，青少年穿浅蓝色或浅绿色。下穿绣花长裙，腿缠绣花绑带。婚庆佳节耳坠金、银耳环，项挂银锁链、银铃，腰挂银牌、银锁，分外妖娆。男子服饰尚青，头包青布头帕，穿青布大襟长衫或青布短衫，扎青布腰带，下穿青布裤子，缠青布绑腿，穿青布鞋。

湖南桂阳、宁远、常宁、新田、祁阳等地瑶族 居住在湖南桂阳、宁远、常宁、新田、祁阳等地的瑶族有"戴架"习俗。女孩子10岁以后就开始剃头留发，将头顶约10厘米的剃发留下，其余的头发全部剃掉。待新发长出来后扎成小髻并盖上1块四周都镶有花边的青布。到十五六岁时，家人就用5根小竹片做成一顶板架，用黄蜡将头发固定，在头顶约11厘米之处用绳扎好分成左右两支，分别固定在架子中间的竹片上，使整个架子垂直于脑后。架子上面盖1块黑布花边头巾，头巾四周有4层花边，第一层是约6厘米的蓝布，第二层是约2厘米的花带，第三层是约6厘米的红布，第四层是约2厘米的花带，俗称“戴架”。有的还在边上系上小银铃、小银链，有的小银铃多达100多个，故又称银铃帕。结婚怀孕后就不再戴架子，把头发扎成一个锥状，绑在平放于头顶的1块长约16厘米，宽约6厘米的竹片上，再用1根长约30厘米的青布绑起来，靠在头顶，再用银链固定住。

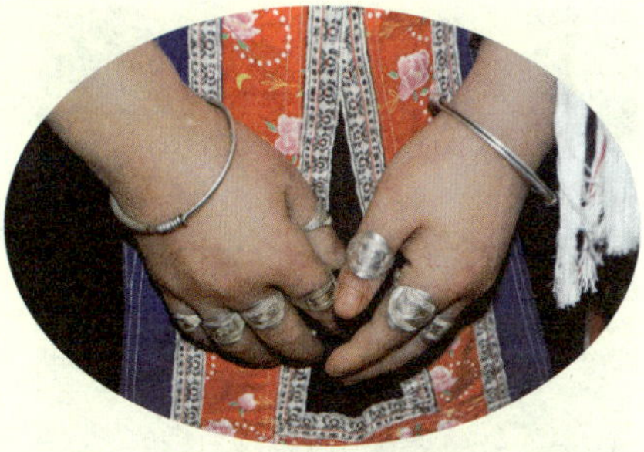

湖南桂阳顶板瑶女子十个手指都戴上戒指，以示富有和美丽

广东地区的瑶族服饰

广东连南排瑶　男女都喜留长发，成年男子盘髻于脑后，以五彩线缠纽，再缠以红布巾，发上插白鸡羽毛或山雉羽毛，显得雄姿焕发。上身穿无领无扣琵琶襟蓝黑布衣，袖口镶天蓝色阑干，穿时以布带扎于腰间。穿宽筒蓝黑布短裤。过去还喜戴银饰，今渐少。其女子将发掠于头顶，略偏后束为发髻，再盖以青布头巾。戴银耳环、银项圈。上衣与男衣同，但略长于男衣。下穿宽筒蓝黑布短裤，扎脚绑。连南过山瑶男子，头扎两端绣有图

广东连南排瑶男子

广东连南瑶族莎瑶妹

案纹样的黑布头巾，上穿黑布对襟布扣衣，领口下的左右两衣襟各用白线绣两条长排扣，钉小珠子为扣子皮绣花披肩，扎绣花腰带和绣花围裙，下穿黑布裤，扎绣花绑腿。

其女子过去用几根竹子做成高挑的花冠，再将1块绣花头帕盖在冠上。后因嫌麻烦，改用硬纸壳和红布做成小三角帽，外面再包上数块或十多块印花或绣花头帕，靠近额头之处扎以红丝穗，缀串珠，以固定帽子，形成高耸之状，故称“小尖角高帽”。帽上装饰银牌、珠链。上穿黑布交领无扣衣，领口、袖口均绣花边。穿时右衣襟交叉搭在左衣襟上，再用绣花围裙扎住。胸前左右两边各挂数块银牌。下穿宽筒黑布裤，裤脚绣花边，扎绑腿，穿绣花鞋。

广东乳源瑶族 因服饰、生活习俗和聚居区离县城远近不同而分为“东边瑶”“西边瑶”或“深山瑶”“浅山瑶”。

广东乳源过山瑶男女服饰

东边瑶男子用蓝色或白色绣花布巾包头，包时让头巾正中的图案纹样在头顶偏后一些的位置，让人一眼就看到头巾上的纹样，以示美观。头巾打结方式有额前打结与额后打结两种，额前打结则头巾两端剩余较短，并向左右上方挑起，形如两角；额后打结则头巾两端剩余较长，垂于两耳之后。上穿青蓝色短大襟衫，胸前衣襟、袖口、衣缘及背后均用彩色丝线绣图案纹样，下穿长到小腿的宽筒裤，扎白布绑腿。女子蓄发，用猪油与蜜蜡将头发粘在一起，扎平角头巾，婚后戴一帆船形高帽，用白布将其包扎好后，再在上面覆盖绣花巾。上穿长到膝盖的青蓝色无领大襟衣，下穿短裙，扎白布绑腿。胸前挂一青蓝色长围裙，以腰带扎之，带之两端缀有彩色丝穗，腰悬一串铜钱，行走起来叮当有声。

广东乳源瑶族女子盛装

西边瑶男子服饰与当地汉族差异不大，女子仍蓄发，以蓝布绣花头帕包扎发髻，穿蓝黑色上衣，领边、袖口、衣缘均用白、蓝、黑三色镶嵌，系绣花围裙，下穿宽筒长裤。

此外，广东连山过山瑶男子喜用数米长的黑布帕裹头，缠绕成圆盘形，上穿黑色土布对襟衣，胸襟排列20多对鸳鸯扣，领口、襟缘刺绣彩色纹样。下穿宽筒黑布裤。肩挎绣花袋。女子将发梳扮成尖角形，发上插银针，外罩红绒巾或绣花帕，穿黑布上衣，戴银耳环、银手镯，胸前佩戴长方形银牌，腰系绣花围裙，下穿黑布裤，脚穿勾头绣花鞋。

云南地区的瑶族服饰

云南河口瑶族自治县蓝靛瑶　妇女穿青蓝色圆领斜襟过膝长衣，两侧开衩，前后两幅向上提起反折于腰带上，领口饰银扣，

云南河口
瑶族男子
新式服饰

云南河口蓝
靛瑶老妇

云南河口
沙瑶女子

缀红珠线，系两端缀黑白小珠串和红色棉线的花腰带。穿窄筒长裤，裤脚镶天蓝色布条，并向上反折。头顶用竹壳或薄板制成直径15厘米的圆板，固定于发上，再用蓝布盖上。耳坠银环，佩饰银头钗、银针、银项圈、银首镯、银戒指、银牌、银链、银扣、银腰带、银串珠等。女童头戴花帽，帽上缀红色串珠，十五六岁后戴顶板包头，穿成人服。

20世纪五六十年代前，男子包头帕或戴帽，衣服分为内外两件，内衣称“罩襟衣”，无袖无领，左右有口袋，袖口、衣襟、衣衩及衣袋边绣花，衣袋中央还绣八角花。男童头戴花帽，帽上缀有红色串珠，十六岁后除帽包头帕。1990年后，青年喜欢穿汉族流行服，节庆喜事才穿民族服装。

白线瑶妇女头帕用黑布、红布镶制而成，头帕两端缀白线。上身穿无领斜襟长袖衣，袖口镶蓝布和红布。胸前缀白毛线和乌色毛线。两侧衣衩镶红布，扎布腰带，带上饰铝制八角花，肩上垫绣花垫肩。下穿长裤。男子头缠布帕，穿斜襟长袖衫，衫外套无领无袖布褂，褂上有两个绣花口袋，下身穿蓝色布裤。

沙瑶妇女头包黑色纱巾，上身穿长至膝关节的青色长袖衫，胸前缀白色和鸟色毛线，系腰带时，将前后两衣角向上反折卡在腰带上。下身穿青色长裤。其男子头缠黑布帕，上身穿青色斜襟长袖衫，下身穿青色宽腰大裆裤。做媒时还要佩戴银链，银链上有银圈、银铃、银铲、银镰等。

红头瑶又称盘古瑶，因其妇女头包红布帕而被他人称为红头瑶，自称棉或尤棉。其妇女上身着黑色长袖对襟衣，胸部对襟两侧饰有银或铝制錾花牌。衣袖镶白、红色布条，下身穿绣花裤。其男子头包两端缀有须线的绣花头帕，身穿黑色长袖斜襟衣，斜襟沿镶红布和白布条，衣背绣盘王印，两衣袖绣花纹图案，下身穿宽腰大裆裤。

云南金平苗族瑶族傣族自治县红头瑶　因其以红布帕包头而得名。妇女多蓄发盘头，用红布帕将头包为三角形，再于额上用白布巾扎紧；或用红布帕缠头数十圈，将头缠成圆柱形，顶上再缠红绒球，缀银链、银铃。上身穿黑布对襟无领衣，襟沿刺绣花纹，袖口镶蓝、黑相间的阑干，扎蓝布腰带，系黑心蓝边围裙，下身穿五彩斑斓的宽筒绣花裤。

云南金平金河镇干塘村水碓冲红头瑶(小尖头)祖孙二代

云南勐腊县大板瑶　其女子蓄发盘髻，用一条两端绣花，约3米多的黑布巾盘头，将巾上的图案纹样露于前额，再用白布带于额前的巾外扎成“∞”字形。穿黑布无领对襟衣，从后颈处至胸前襟沿镶一缕红绒球，袖口镶蓝、黑、红布阑干，戴银项圈、银手筒，下穿五彩斑斓的宽筒绣花裤。其男子头包黑布巾，上穿黑布交领衣，下穿黑布宽筒裤。

云南广南县蓝靛瑶　其女子盘发于头，缠黑布头巾，巾外扎绣花带。上穿白领黑布衣，胸前挂数条长到腰下的银链及8条缀彩穗的珠串。下身穿黑布宽筒裤。其男子多包黑布头巾，穿黑布对襟衣，黑布宽筒裤。

贵州地区的瑶族服饰

贵州省荔波县青裤瑶，因其服饰尚青而得名。其女子盘发于头，插数支银簪或牛骨簪于前额发上，上穿无领左衽青布衣，扎绣花腰带，戴银项圈、银链、银铃等银饰，下穿青布裙。其男子留长发盘于头顶，以青布帕包头，穿无领左衽青布衣，扎绣花腰带，穿宽裆青布裤。荔波县长袍瑶亦因其男子身穿长布衫而得名。其女子盘发包黑布帕，穿无领黑布衣，衣缘镶花边，背披绣花背牌，下穿黑布宽筒长裤，裤外套长约40厘米的百褶裙，裙外再套长到脚面的黑布围片，前部围片长而窄，后部围片短而宽，在身上缠绕几圈后可使臀部隆起，习俗以此为美。其男子包黑布头巾，穿后摆很长的黑布外衣和宽筒黑布长裤。男女皆套黑布脚套，以防荆棘划伤皮肤。

雍容华丽的盛装

节日，特别是民族传统节日，在瑶族的生活中占有重要的地位。这不仅因为瑶族传统节日和瑶族的经济生活、宗教信仰、社交活动、历史传统、文化娱乐等有着密切的联系，而且节日还有调节文化与生活的功能。在节日中，瑶族群众在按自己的民族习惯进行各种传统文化活动时，都十分注意自己的服饰，特别是妇女和青年人，都会脱下平日劳动时穿着的便装，换上新装和盛装，有的新装和盛装还是专门为节日而制作的。人们对节日的喜乐情趣，洋溢在这些新装和盛装上，人与服饰全融入了节日的喜庆气氛之中。

广西贺州
盘瑶男子

在广西贺州，虽然现在瑶族

青年平时很少穿瑶族服饰，但参加婚礼、过盘王节时，每人都会翻箱倒柜，找出存放在箱底的瑶族服饰，穿着于身。特别是瑶族服饰被列入国家非物质文化遗产名录后，每逢节日，穿着瑶族服饰的人与日俱增。不会缝制瑶族服饰的家庭，或与人换工，请会缝制瑶族服饰的人帮制作；或出钱购买，于是在该县的贺街出现了专门生产瑶族服饰的商铺，在农村也有人专门从事瑶族服饰的制作与销售。瑶族民间习俗认为“过自己的节日，连一件瑶族服装都没有，哪里好意思出门哪”。

特别是每年的盘王节，姑娘们更要精心打扮，拿出新做的或是藏在箱底的盛装，戴上手镯、项圈、银牌等，穿上自织、自制、自绣的艳丽服饰，满襟绣花绲边，衣、裙、围腰等处的花卉、鸟、蝴蝶等纹样栩栩如生，呼之欲出，再配上银簪、耳环、颈圈、银牌、手镯、戒指等银饰和绣花鞋，一身花团锦簇，银光闪闪，成群结队地走出家门，去过节，去对歌，去比美，去炫耀自己的聪明能干，表达自己对美好生活的追求和向往。哪个姑娘的衣服花样绣得好，哪家妹子的银饰多，人们就认为她最漂亮，小伙子们会有意无意地走过来挑逗、笑闹；妇女们会围着她左看右看，对她评头品足；姑娘们也会找她聊天，仔细观察她的服饰，学其所长；姑娘的母亲觉得女儿为自己挣足了面子，姑娘也喜上眉梢。

广西贺州土瑶男子服饰

瑶族服饰中的银饰十分发达，据说它不仅有驱邪镇魔的功能，而且是财富和美的标志。银饰越多，就意味着越富有、越漂亮。所以，

知识链接 **瑶族银手镯** 瑶族手镯式样较为丰富，既有空心的、实心的，又有圆柱形的、六棱形的、泡花的；有的打成一指宽的薄片，上有花草、藤蔓；有的打成一根藤蔓，上有小枝缠绕；有的则打成数根藤蔓相缠。特别是泡花手镯，精雕细刻，造型美丽，花样新颖，实为上乘工艺佳品。

每个家庭都会倾其所有，为女儿置备银饰。广西金秀瑶族自治县的茶山瑶女子出嫁时，不仅要穿绣花衣、裤，头上还要戴3块银板，人们认为，新娘只有戴上银板的才是最漂亮的。

瑶族服饰和节日的关系是十分密切的，甚至连节日之穿着都有一定之规。广西贺州市土瑶的服饰也很有特色，男子平时包七八条毛巾裹头，参加婚礼时，有的用10余条毛巾裹头。毛巾外面用2.5公斤丝线和珠串扎住，整个头饰重约4公斤。上身穿浅蓝色对襟短衣，长仅40厘米，左、右两胸前各安一个衣袋。隆冬季节或参加婚宴时，穿近10件上衣，一件一种颜色，相互衬托地显露于外，色彩鲜明，层次极为清楚。下穿宽筒长裤，裤头镶白布边，裤裆和裤头都很大，穿时用布带扎紧。女子多戴用油桐树树皮制作的圆形帽，根据各人头颅的大小，用树皮圈箍固定成型，在外圈垂直地涂上黄、绿相间的颜色，再涂以桐油，色泽油亮鲜艳。在圆筒似的帽顶上盖数条毛巾，毛巾上撒披红、黄、绿相间的彩色丝线串珠，串珠越多，就说明其人越勤劳、富裕，也越显得美。节日或参加婚礼，上面盖的毛巾多达20余条，丝线重一二公斤，垂一二十串珠子，整个帽子重三四公斤。上身穿青色或浅蓝色长袍，一直盖到脚面，类似旗袍，两侧开衩较高，两腿全露于外，无扣，以花布带束身。便装里面多不穿内衣与长裤，只穿短裤，天冷时就多穿几件长袍，脚胫缠绑带。盛装时在长袍外套短衣，袍内穿长裤。在长袍后幅的腰部饰一宽数十厘米的瑶锦，锦下缀8～10串红色丝穗，将身后从腰部以下的长袍全遮住，远看分外艳丽。外出时背白棉纱织成的布袋，既是生活用品，又是装饰品，劳动时用来装饭菜，赶街时装土特产上街

广东乳源瑶族男子服饰上的铜钱

卖，回来时用其装买回的生活用品，实用美观。

广西龙胜各族自治县红瑶的盛装极有特点。其衣为无扣交领红花短衫，以锦带束身，衣脚左、右开衩。下身穿到膝盖的黑土布百褶裙，用白布带将黑色绑腿系紧。红瑶妇女每制作一件红花衣服，约要一年以上的时间，是中青年妇女最珍贵的服装。逢节日和走亲访友时，穿上色彩斑斓的红衣，戴上银项圈、菱形龙头银手镯、戒指、耳环、银牌，显得绚丽多姿，楚楚动人。

广西都安瑶族自治县的瑶族妇女的节日盛装，上衣右衽襟边、衣脚、两袖口均绣饰纹样，扎绣花腰带；下身穿蜡染百褶裙或长裤，用瑶锦带包头，头上遍插银花簪，坠银链，戴耳环，颈挂数块半月形银颈圈，身佩银链、银铃、银牙签，手戴戒指、手镯，脚穿绣花鞋，周身银光闪闪，配上花衣绣裙，衣饰相映，上下争辉。每逢节日喜庆，成群结队的姑娘穿上节日盛装，相互媲美争艳。

第六章
底蕴深厚的民族文化

瑶族文化历史悠久且丰富多彩，是一座文化底蕴深厚的金矿，蕴含着丰厚的历史学、人类学、文化学、宗教学等诸多信息，她将瑶族人民历史上所创造的优秀文化浓缩为一幅幅飘散着民族风情的画卷，传承给后人。

各有归属的瑶语

瑶族人民在长期的历史发展过程中形成了自己本民族的语言——瑶语。由于历史上的原因，瑶族语言在形成过程中，并没有成为统一的民族语言。在其内部，瑶语又可分为"勉语""布努语""拉珈语""汉语方言"等四大语言。这四大语言都统称"瑶语"或"瑶族语言"，都具有汉藏语系语言所共有的特征，都是汉藏语系的语言，但它们又分别属于不同的语族和语支：勉语属苗瑶语族瑶语支，布努语属苗瑶语族苗语支，拉珈语属壮侗语族侗水语支，汉语方言属汉语，它们都有自己的语言文化特点。

勉语

勉语是瑶语中分布较广的语言，据不完全统计，说勉语的瑶族人口约有160万人，他们分别是自称为"优勉"（或"勉"）"董本优""土优""谷岗优""祝敦优勉""坳标""标曼""史门""金门""甘迪门""标敏""交公勉""藻敏"的瑶族。勉语是瑶族语言中具有代表性的语言，在勉语中，有3 000多个不同于汉语或其他语言所独有的基本词汇，这些基本词汇的存在，说明瑶族早在远古时代便已具有本民族的语言。后来，瑶族在和汉族及其他民族的交往中，不断吸收、借用汉族和其他民族的语言词汇，才使瑶族语言发生较大的变化，不仅在语音、词汇、语法上都存在一些与汉语相对应的语言现象，而且在勉语内，也发生了方言变化。

说勉语的广西金秀六巷盘瑶女子

在勉语中，由于词汇和语音的差别，以及语法上的一些特点，勉语又可分为3个方言，5个

说布努语的广西巴马东山瑶族男子

说拉珈语的广西金秀茶山瑶女子

说汉语西南官话的广西富川平地瑶女子

土语，即勉金方言、标交方言、藻敏方言；优勉土语、标曼土语、金门土语、标敏土语、交公勉土语。其中优勉土语、标曼土语、金门土语属勉金方言；标敏土语、交公勉土语属标交方言。

布努语

说布努语的瑶族人口有近60万人，他们分别是自称为“布努”（或“东努”）“努努”“布诺”“瑙格劳”（或“包诺”）“努茂”“巴哼”“唔奈”“优诺”“怀冬诺”“炯奈”的瑶族。布努语又可分为布瑙、巴哼、唔奈、炯奈、优诺5个方言。其中布瑙方言又可分为东努、努努、布努、瑙格劳、努茂5个土语；其他4个方言人口不多，居住分散，方言内部除语音上有些细微差别外，别的大都相同。

拉珈语

说拉珈语的瑶族主要分布在广西金秀瑶族自治县的金秀、长峒、岭祖、六段一带，是瑶语4种语言中人口最少的瑶族，人口约1万人。说拉珈语的瑶族相互之间都能通话，语言的各方面相同成分较多，没有方言土语的划分。但语音、词汇上仍有细微差别。

汉语方言

说汉语方言的瑶族有60余万人，他们分别是自称为“炳多优”“优念”“珊介”“优嘉”的瑶族，其语言多为汉语方言西南官话，部分人说“七都话”“八都话”或“梧州话”。这部分瑶族原是说勉语方言中的一部分瑶族，但由于他们定居较早，长期和汉族居住在同一地区，和汉族的交往较早、较多，在语言上吸收汉语的语言成分较大，一部分母语甚至基本消失，改用汉语母语或借用汉语母语，形成新的民族语言。

由于在瑶族社会中存在着以上4种不同的语言，所以，各地的瑶族在其社会内部交往过程中，同说一种语言的瑶族，往往使用共同的民族语言通话；而说不同语言的瑶族，则只好借助汉语或壮语进行通话。如说“勉语”的瑶族，虽然分布在广西、云南、广东、贵州、湖南的100多个县市（自治县），但由于同属一种语言，所以基本上都能通话。而说“拉珈语”的茶山瑶和说“布努语”的花蓝瑶以及说“勉语”的盘瑶，虽然同居广西大瑶山内，互为近邻，相互间却不能通话，必须借用汉语方言进行交谈。

比较与差异

瑶语中的4种语言，在语言外貌和语言对应关系上，布努语比勉语更接近苗语，特别是布努语中的东努土语跟苗语中的川黔滇方言更为接近；在词汇上，布努语有不少的词跟勉语不同，而这些不同的词恰好跟苗语中的川黔滇方言同出一源；在语法上，布努语的语法现象也往往跟勉语不同，而跟苗语相同。而瑶语中的拉珈语，其语音系统跟勉语相似，语序跟布努语基本相同，但词语却跟勉语和布努语有相当大的差别，而跟壮侗语族侗水语支的语言较为接近，在语法上，拉珈语和壮侗语族诸语言相同的地方也很多。所以，勉语属苗瑶语族瑶语支，布努语属苗瑶语族苗语支，拉珈语属壮侗语族侗水语支。语言相同，大体上都能通话；反之，则需借助汉语或壮语进行交流、沟通。所以，瑶语支、苗语支和拉珈语支的瑶族相互之间都必须借助汉语或壮

广西金秀桐木岩画上的土俗字

语进行交流、沟通。

瑶族大多聚族而居，其村寨大多零星散布于汉族村寨或壮族村寨之间，形成与汉族、壮族杂居的分布状况。受汉语、壮语的影响，瑶语中吸收和借用了较多的汉语、壮语词汇。除汉语方言的平地瑶语外，在其他3种语言中，勉语的汉语借词要比布努语和拉珈语的多一些。比较早的借词，勉语和拉珈语都跟汉语粤方言相近；近代的借词，3种语言都借自汉语方言西南官话。过去布努语中的汉语借词也不少，但借入的汉语词语多以壮语为中介，近数十年来，布努语直接借自汉语的情况已一天天多起来。

瑶族除了说本民族母语外，大多数人，特别是青年男子，都会说当地通用的一种和几种民族语言。过去瑶族地区大多没有自己的圩集，农副产品的交换、买卖等经济文化方面的交流，大多在汉族、壮族聚居的圩集进行。这就在客观上要求瑶族人民都要知道一些汉、壮族的语言，从而使得大多数的瑶族群众除了能说本民族的语言外，还能兼通汉语或壮语，能借助汉语或壮语进行交谈。

中华人民共和国成立后，为了帮助少数民族发展文化教育，在少数民族地区建立各类学校，在学校的教学中和社会上推广使用汉语普通话。经过几十年的努力，瑶族中的绝大部分人都能听懂并会说普通话。汉语的学习、使用，既开阔了瑶族人民的眼界，有利于他们与其他民族的经济文化交流，更快地加入现代化的潮流；同时也可以使他们更方便、更多地参与国家的主流社会生活与政治生活。

民间流传的古瑶文

唐宋之后，封建中央王朝在瑶族地区实行羁縻制度，并设置“学舍”，“开化”瑶民。元明清时期，封建中央王朝继续在瑶族地区办县学、社学、义学，传授汉文。部分家境较好的瑶族子弟通过上学学习汉文后，便产生了用汉文来贮存、

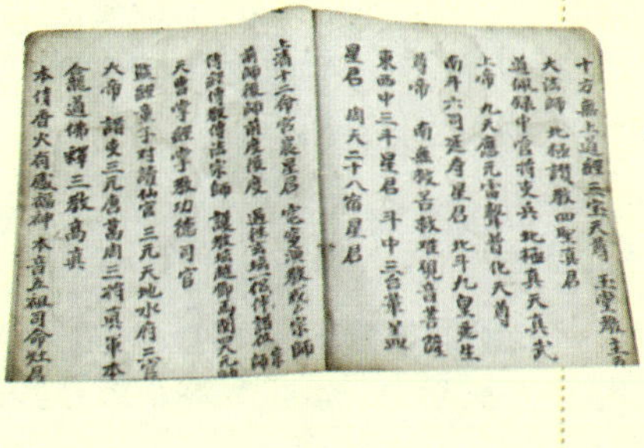

瑶族用汉字和土俗字抄写的度戒经书《初真科》

《评皇券牒》

传承本民族文化的愿望。但汉文是一种较复杂、难学的文字，它和瑶族的语言文化有较大的差距，要使居于荒僻之乡的瑶族子弟学会的确不易；加上历史上瑶族地区经济欠发达，封建统治阶级的民族歧视，能上学的人极为有限，能坚持学习到底的人更少。于是，一些粗通汉文的瑶族文人便仿效汉文的结构方法，创造了瑶族土俗字，学术界亦有人将其称为“古瑶文”。但由于历史上瑶族长期迁徙，支系众多，居住分散，所以，土俗字主要在盘瑶、蓝靛瑶和八排瑶中使用，始终没有在整个瑶族社会中流行。

瑶族土俗字发明于何时，现在仍未清楚。从保存的用土俗字抄写的瑶族民间历史文献——《评皇券牒》来看，现存最早的《评皇券牒》为明代建文元年（1399）。主要用汉文抄写，但亦夹杂土俗字来抄写。如“大隋五年”写作“大随五年”，“理宗”写作“理忠”，“每”写作“美”。不懂瑶族土俗字者，很难知其含义。

现存下来的土俗字，主要保存在师公和道公的经书中，此外还有部分保存在民间文献《评王券牒》《祖图》《盘王大歌》及契约、碑文中。瑶族仿效汉字创造土俗字时，主要采用以下几种方法：

知识链接 **《评皇券牒》** 主要记载瑶族始祖盘瓠替评皇打败高王，被赐与三公主成婚，封为盘王，传下十二姓瑶人的故事。

一是借汉字为表意符号，但在瑶族土俗字中该字的读音不同。如瑶族土俗字中的吃饭、吃肉、饮水、父、母、兄、天、地、雨、牛、鸡等字词，字形、字义与汉文相同，但读音依瑶语而不依汉语。

二是借汉字的形音记瑶语读音和字义。如邦、野、能、枯这些字，其读音基本与汉文相同，但只是依汉文的读音来记瑶音，而其字义分别为光榔树、已经、比、山，与汉字的字义完全不一样。

三是借用两个汉字或汉字的偏旁部首组成新字，形成新的读音和字义。如爸、爷、娩、娓等，分别表示父、母、大女儿、姑娘。

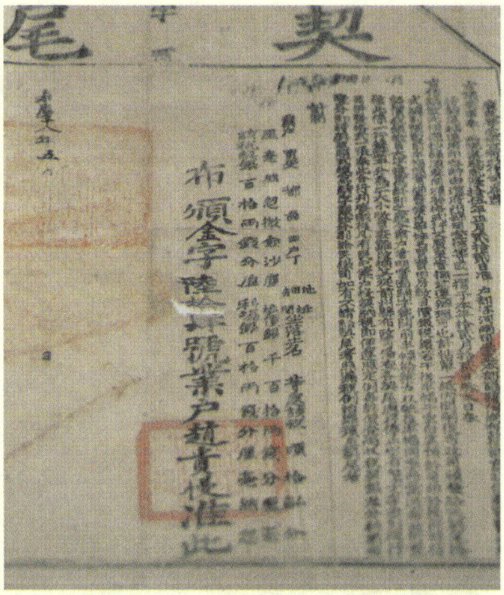

广东瑶族民间用汉字夹杂瑶族土俗字写的契约

瑶族盘王券牒

散发乡土气息的民间文学

瑶族民间文学是瑶族人民口头创作和传承的文学。它从产生的那一天起，就和瑶族人民的生活有着十分密切的联系。它不仅直接地反映了瑶族社会的历史和现实，而且直接地反映了瑶族人民对生活的态度、思想、感情、愿望，表现了瑶族人民的审美观念和情趣，内容丰富，形式多样。

瑶族神话内容包罗万象，想象奇特，趣味天真，原始气息浓郁。归纳起来，大致上可分为天地起源神话、人类起源神话、万物起源神话、图腾神话、斗争神话。

瑶族盘古神话：

盘古开天又开地，又制青山又造田；
先赐瑶人十二姓，后赐百姓造朝堂。

广西贺州瑶族舞蹈中使用的小长鼓

瑶族民间传说是瑶族劳动人民口头创作的与瑶族的一定历史事件、历史人物或一定地方风物民情密切相关的传奇故事。它最初大多源于真人真事的叙述，后来在流传过程中逐渐增加一些解释和幻想，变异出许多的新情节。在叙述过程中，表达了瑶族人民一定的思想愿望、情感和理想。所以，它既是瑶族民间文学作品，又是瑶族人民的“口传历史”。历史上，瑶族人民曾创作了丰富多彩的传说，这些产生于不同时代的传说，形象真实地展现了瑶族社会历史的发展情景。

知识链接 **长鼓的传说** 叙述了瑶族长鼓乐器的来历。相传盘瓠与三公主成亲后，生下6男6女。一天，盘瓠上山狩猎，被羚羊撞下山崖身亡。其子女在崖下的树上找到盘瓠的尸体后，便砍树制作鼓身，猎获羚羊剥皮作鼓面，击鼓祭祀盘瓠。此后，长鼓代代相传，并成为祭盘王的主要乐器。

瑶族民间故事是瑶族民间文学的重要组成部分之一。在瑶族人民口头创作的文学中，民间故事是最为庞大的一种载体，内容十分丰富广泛，从古至今，人们对自然的关系及人们社会生活的各个方面都有充分的反映。

瑶族民间故事《公鸡生蛋与男人坐月》说一个财主过生日时硬要佃户给他找公鸡蛋来吃。佃户的儿子告诉他：“我爹坐月了。”财主便骂：“你胡说八道，世上哪有男人坐月？”佃户的儿子说：“既然男从不能坐月，公鸡又怎么能生蛋？”财主被问得哑口无言，自讨没趣。

瑶族民间寓言多是通过一些简单的故事给人们以启迪和教训。其主人公以动物居多，不仅内容健康、充实，表达了深刻奥妙的寓意，而且还有民间讽刺文学明快犀利、高度简洁的特点。

瑶族民间寓言《乌雅和狮子》，说乌鸦为了获得一份很高的报酬，跳进狮子嘴里把狮子牙缝中的肉丝剔掉后，正想跳出来问狮子索取报酬时，狮子一口就把乌鸦吞下肚去了。它告诉人们，乌鸦的悲剧是因为它听信了狮子的甜言蜜语造成的。

原始古朴的记事方法

瑶族没有本民族通用的文字，除少数粗通汉字的瑶族知识分子外，过去，大部分瑶族群众多不识字，民间用结绳记事、刻木记事、刻竹记事、投石记事、投米记事等原始方法进行记事，用以传递信息。

民国时期，广西凤山县瑶族用投石记事。当地瑶族由于不识汉字，家有婴儿出世，家人为其备1个竹筒，于除夕夜捡1小块石头投入筒内，用来记录年龄，俗称“筒记”。欲知年龄，将石头倒出数之便知。小时由父母投石，保管，长大自己投石管理。

广西十万大山一带的山子瑶还流行投米记事。十万大山山子瑶的每个村社都有一个共同的香火，村社的共同香火设在村老家，凡村社中有人出生、嫁进、迁入，村老便烧香祭告祖先，并往共同的香火中投一粒米；如有人死亡、嫁出、迁出，村老再烧香祭告祖先，从共同的香火中取出一粒米；村中有多少个人，便有多少粒米，以米粒的多少来统计人数。

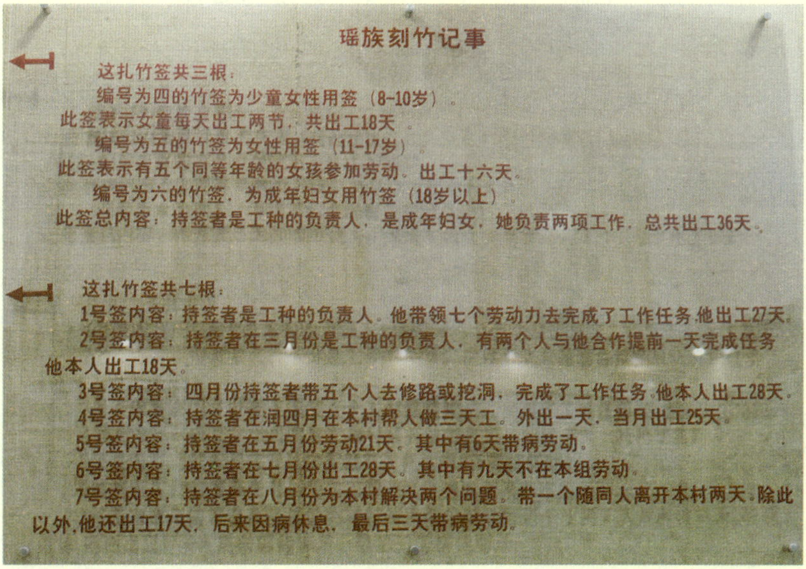

广西瑶族刻竹记事

古代瑶族还有结绳记事之俗，并一直流传下来。20世纪50年代前，广西大瑶山瑶族群众发生争端，相持不下，需请石牌头人断决时，当事人便用一节禾秆穿入铜钱的方孔中，再行折回，合搓成草绳，俗称“禾秆铜钱”，请人送到头人家，俗称“请老”。头人见到“禾秆铜钱”，便会赶到当事人家中。先由甲申诉理由，每讲一句，头人便折一节长约3厘米的禾秆放在桌上。甲说完后，头人便把桌上的禾秆收起，再到乙方家传话，即按照甲方所讲的道理一句句讲出，每讲完一句，便放下一节禾秆，直到把甲方的禾秆放完为止。乙方听完后，开始申诉自己的理由，反驳对方，每讲一句，头人同样在桌上放一节禾秆。然后头人又把乙方的话传给甲方，甲方再反驳、申诉。如此往返数次，让双方将理讲透，最后根据双方提出的理由，以禾秆多者为有理。

刻木记事和刻竹记事也是瑶族过去常用的记事方法。宋人周去非《岭外代答》卷10记载说，宋代广西静江府瑶人不识字，刻木为契以记事。20世纪50年代前，广西南丹县白裤瑶群众双方发生借贷关系时，当事人一般是找来一节小圆木或竹子或竹板，邀请油锅兄弟到场做证人，用刀在木上或竹上刻下大小不同的横格，大格代表大数，小格代表小数，然后破成两半，当事人各执一半为凭。借贷还清时，再次邀请证人到场，当面把木契或竹契烧掉。如是买田买地刻木契为凭，则须永久收藏。广西大瑶山瑶族，则在竹片上刻不同的长短横格代替借贷数目，长格代表大数，短格代表小数；或在墙上用火炭或石灰画横格记事，如借出5只鸡，就在墙上画5条横格做记事，偿还后就将横格抹掉。项目繁多时，还可将横格画在物件上，或在横格旁画借出物图像，以助识别。

20世纪50年代后，我国政府在瑶族地区大力兴办各类学校，传播文化知识。特别是20世纪末，随着九年义务教育制的推行，瑶族地区的适龄儿童都得以走进校门，接受教育。教育的普及和文化程度的提高，使原始的记事方法失去了生存的基础。所以，除极少数的老年妇女外，绝大部分的瑶族都会使用文字记事，古老原始的记事方法亦从瑶族社会中消失，汉文成为瑶族社会记事的主要工具之一。

神奇的瑶医瑶药

瑶族医药

古代中国南方，生长着许多茂密的植物，为瑶族先民识别各种草木的性质，利用草木的根、茎、枝、叶、花、果等治疗疾病提供了十分广阔的基础。历史上，瑶族人民遇到疾病创伤时，除了用求神占卜、祭神驱鬼等方法治疗疾病外，还靠民间传统的草医草药医治伤病。经过世代的摸索积累，加上走村串寨的汉族江湖郎中和汉族小商贩中一些略懂中草药的人的传授影响，瑶族人民慢慢摸索发展起了自己的民族医药。

▲

广西金秀瑶族晚上戴面具赶鬼驱邪

早在宋代，瑶族就知道用中草药治病。广西静江、融州、象州一带的瑶族聚居区内盛产零陵香，瑶族将种植的灵香草收回，“熏以烟火而阴干之”，用作驱虫、驱蚊，还用于治疗感冒、腹痛、腹泻、头痛、鼻塞、牙痛、遗精等。部分瑶族还使用毒汁涂抹弩矢，抗击官军或捕兽。

知识链接 **零陵香** 又称灵香草、香草，李时珍《本草纲目》说，灵香草可做药用。

明清之后，瑶族医药有了进一步的发展。明代瑶族便已知瑶山所产的胆矾、茴香、草果、槟榔等可用作药物。清代，瑶族对各种草木的性味功能有了进一步的认识，他们不仅在自己遇到疾病、创伤时，除了用求神占卜、祭神驱鬼及民间传统的草药、草医医治伤病外，还把自己的医药知识和草药介绍给他人，或入市卖药，或沿寨行医，成为民间医生。

瑶族医生

过去，瑶族民间医生从医全靠口传心记，在采药与治病实践中逐渐掌握各种草药的名称、形态、药用功能等，并在前人的传授下熟悉各种民间秘方、验方及其使用方法，聪明好学者跟着经验丰富的瑶医，一二年就基本上可以独立从业。

知识链接 **桶浴疗法** 又称瑶族药浴，是瑶族民间用以抵御风寒、消除疲劳、防治疾病的传统疗法。根据不同对象、不同季节、不同疾病选择不同草药，放入锅中煮成药水，将药水倒入杉木桶中，人坐于桶内熏浴浸泡，让药液渗透五脏六腑、全身经络，达到祛风除湿、活血化瘀、排汗排毒的功效。

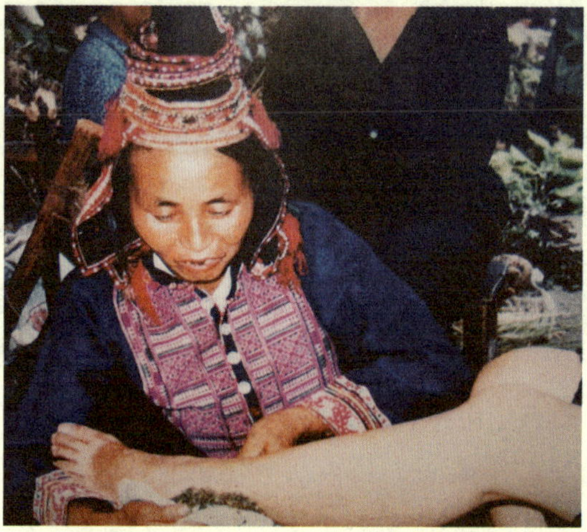
广西金秀盘瑶民间草医为病人敷草药治病

瑶族民间医生看病，一般用“望、闻、问、触”等方法诊断，主要通过患者的诉说，观察患者的面、目、舌、耳、掌、指甲等部位，确定病情，对症下药。治疗一般的常见病，除使用内服药外，还用药物洗、敷、熏、烫、熨、佩戴和挂药以及放血、点刺、拔罐、挑治、捶击、拍击、搔抓、钳拿、火针、滚蛋、滚油、蒸气、按摩、冷水疗法、指压疗法、生盐疗法、搓痧疗法、灯草火灸、艾灸、骨灸、席网灸、药物灸、药棍灸、指刮、碗刮、匙刮、骨弓刮、草刮、麻刮等方法治疗。其药量一般不太讲究，多是凭经验用于手指抓撮。

由于各种药物生长期长短不同，药效大小不一样，患者体质的好坏，病情的深浅不同，每个医生在治疗经验上的体会也不一样，所以，药量的多少也因人而异，略有差别。这种药量上无定量的做法，看上去似乎比较原始粗放，不够科学，但从根据病人身体情况不同而对药量增减不同的做法来看，似乎又合乎一定的科学道理。一般说来，他们对毒性大的药物比较审慎使用，掌握较严；对普通的常用药，则按病况酌情下药。对于一些流行性传染病，往往采用隔离法，以杜绝疫情流行。

瑶族医学发展与传承

中华人民共和国成立后，党和国家鼓励继承和发扬民族医药，十分重视少数民族医药的发展，使瑶族医药事业得到了前所未有的飞跃发展。在各级党政部门的支持下，一些关心民族医药的仁人志士投身于瑶族医药的调查、整理、研究等方面的工作中，对一些值得推广应用的秘方、验方进行了部分病例的追踪调查。按“以病统方”的方式搜集药方，并组织临床验证，对瑶族民间治疗疾病的方法在理论上和实践上进行了全面的总结整理。同时，在广西的瑶族聚居区开展大规模、长时间、组织严密的民族医药普查工作，搜集了3万多条民族民间验方、秘方，采集了数以万计的民族中草药标本，以此为基础编著成《广西民族医药验方汇编》。

广西民族医药研究所编《广西民族医药验方汇编》书影

为了继承、发扬瑶医学，1985年，广西民族医药研究所成立后，在研究所下设置了瑶医研究室，广西金秀瑶族自治县也成立了瑶医门诊部和瑶医研究所，使瑶医有了专门的科研机构和临床基地，有了专门的瑶医药中、高级科技人员，并对瑶医药更多地应用现代科学技术手段，进一步开展生物化学、药理、临床等研究与开发。同时，研究人员还对流传于瑶族民间的草药内服、外洗、药罐、熏蒸、敷贴、配药、角疗、药刮、灸法及针法等40多种疗法进行了发掘、整理、研究、提高，使瑶医药的研究工作从经验医药学向实验医药学发展。

第七章
绽放异彩的民族艺术

瑶族民间艺术历史悠久，种类繁多，内容丰富多彩。它不仅是瑶族传统文化的重要组成部分之一，而且也是我国民族艺术的瑰宝之一。走进瑶族村寨，您不仅可以看到精美别致的树汁染、蜡染、挑花、刺绣、织锦等艺术品，听到动人心弦的民歌、民乐，还可以欣赏绚丽豪放的民间舞蹈。

▲

广西南丹白裤瑶女子取粘膏

广西南丹白裤瑶女子用熬制过的树汁浓液绘画图案纹样

▼

自然天成的树汁染

树汁染是瑶族传统印染方法之一，主要流行于广西南丹县一带的白裤瑶中。树汁染和蜡染有许多相似之处，但又有其独特的风格，从整个工艺过程来看，树汁染似乎比蜡染更为原始古朴。

在广西南丹县白裤瑶地区生长一种俗称“粘膏”的树木，白裤瑶群众用刀将树皮砍破，让树汁流入碗中。将树汁和蜂蜡及杀牛时留下的牛油一同煮沸，使其混合成为浓液，冷却形成灰褐色的胶状。使用时，将蜂蜡牛油树汁浆放入一小锅或碗中，加热溶化为液，用自制的铁质染刀蘸煮制过的浓液在白布上描绘图案纹样，然后将布放入蓝靛水中浸染，由于树汁、牛油、蜂蜡的保护，绘有图案纹样的地方未被蓝靛染色。用稻秆烧灰煮水，滤去草灰，将布投入灰水中，树汁、牛油、蜂蜡遇热溶化，浮于水面，用勺舀出留下次用。将布从灰水中取出，便成为蓝黑、白分明的浆染制品，用作服饰面料。

巧夺天工的蜡染

蜡染是瑶族传统印染方法之一。蜡染，古代称“蜡缬”，即用蜡液防染的一种印染方法。其基本特点是利用蜡液做防染原料，使织物纤维不被染液浸入，蜡去花现。蜡染虽然一般只有蓝、白两种颜色，但由于巧妙地运用了点、线和疏、密的结合，使整个构图色调饱满，层次丰富，生动朴实，突出地表现了蜡染艺术简洁明快的特点，具有浓郁的民族风格。

瑶族用于防染的蜂蜡

蓝靛膏

野生蓝草

早在秦汉时期，我国人民就开始用蜂蜡、树脂做防染剂，印染纺织品。隋唐时期，蜡染盛行全国。瑶族何时开始使用蜡染？由于史料缺乏，我们很难做出确切的回答。但到宋代时，瑶族的蜡染纺织品——“瑶斑布”在全国就已很有名气。与其他的印染工艺相比，蜡染这种印染工艺有它的独到工艺之处，是其他印染工艺所不能代替的，因而深受瑶族群众所喜爱。唐宋之后，曾盛行一时的蜡染工艺在全国其他地区日渐衰落，相继失传，但在瑶族地区，蜡染一

广西金秀花蓝瑶织锦

广西南丹白裤瑶理纱

龙胜红瑶织锦

广西南丹白裤瑶女子织布

直在流行，并成为服饰的主要印染工艺之一。

现在，瑶族的民间蜡染方法，多是将白布平铺于桌上、案上或木板上，置蜂蜡于小锅，加温溶解为液体，用竹（或木）与铁片制蜡刀，以蜡刀蘸蜡液，直接在布上描绘各种图案纹样。整个绘制过程，虽不用直尺，也不用圆规，但所描绘的线条、方、圆等，工整对称，花鸟鱼虫，惟妙惟肖。将蓝靛和白酒配制成染料，放入缸中，再把绘有图案纹样的布料投入染缸，待布浸透蓝靛后，便将其取出，放到阳光下晾晒干后，再放入清水中煮沸，待布上的蜡全部溶化后，取出来晾干就行了。

在蜡染过程中，凡用蜡液描绘过的地方，由于蜡液的保护，没有被蓝靛染上颜色；未上蜡液的地方，则被染上蓝靛色。同时，由于蜡染的缘故，蜡液在布上流动形成自然龟裂现象，经煮沸后，在布上留下一种人工无法描绘的冰花，使蜡染产生一种巧夺天工的特殊艺术效果，令人赞叹不已。即使所描绘的图案纹样相同，出自同一绘画人之手，但由于蜡染过程中自然龟裂时所形成的冰花不同，从而使画面显得千变万化。如果想在同一图案纹样上获得深、浅两种不同颜色的效果，可先描绘好纹样，浸染成浅蓝，待干后在保留浅蓝的部位涂上蜡液，再放入染缸浸染成深蓝，煮去蜡质，即得深、浅两种不同的颜色。

▲

广西金秀盘瑶腰机织锦

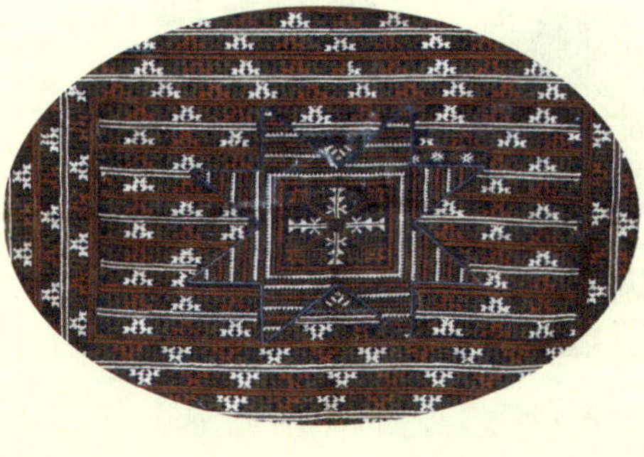

◀ 广西融水瑶锦

出神入化的挑花刺绣

刺绣是在布料上用彩色棉、丝线绣出各种图案纹样。瑶族刺绣大致上可分为针绣（又称平绣）和剪纸贴绣（又称凸绣）。针锈是先在色布上描绘好要绣的纹样，然后用彩色丝线或彩色纱线刺绣各种图案纹样。剪纸贴绣是把要绣的纹样先用纸剪出纸样，然后贴在色布或绸缎上，用平针、齐针、扎针、滚针等针法依样绣成。

广西瑶族刺绣纹样

广东乳源瑶族刺绣纹样

瑶族刺绣图案造型简练，生动活泼。瑶族妇女根据自己的意趣与审美观念，将各种自然物进行大胆地夸张、变形，巧妙地将各种动与静的形体有机地组合在一起，让具体的自然形与抽象的几何形结合，平绣与布贴结合，蜡染和刺绣结合，使整个画面生动自然，形体优美，构图丰满。

瑶族刺绣一般都是在一块块小几何形的色布上刺绣纹样，然后再镶拼制成一幅图案。妇女们外出劳动或探亲访友都可以将刺绣物携带于身，抽空随时随地都可以拿出来绣。刺绣这种不受场地限制，制作方便的特点，也是它能在瑶族民间广泛流传、久盛不衰的一个重要原因之一。

瑶族刺绣工艺的使用范围十分广泛，从服饰的头巾、帽、衣、裙、裤、鞋、腰带、背包、烟袋、香囊等，到背带、被面、门帘、枕套，都有刺绣工艺。在众多的刺绣服饰用品中，瑶族的

知识链接 **花包** 花包是滇桂边界瑶族民间的传统吉祥物，多以色布做底，布上绣有各种精美图案纹样，缝成方形布袋，内装薏米等物，四角缀花穗。掷花包于空中时，花包带着彩穗凌空飞舞，宛如一道彩色流星划破星空。花包为瑶族男女青年的定情信物。每年农历三月三，男女青年除了在八角林中对唱山歌，倚歌择偶外，还以抛花包表达爱意。男女青年经对歌生情后，姑娘就会将精心绣制的花包抛向心爱的小伙子，一边抛，一边唱情歌。小伙子接到花包后，如亦有意，就会在绣球上系上赠物，再抛回给姑娘。

广西瑶族绣花挂包

刺绣不仅十分精美，而且蕴含丰富的文化内涵。

挑花属于刺绣的一种方法，又称“挑织”“挑绣”“十字绣花”和“十字挑花”。瑶族挑花不仅具有悠久的历史，而且极为精美别致。

挑花一般多是利用布料的经纬线，采取十字绣法挑出图案纹样。瑶族妇女的挑花别具一格，不用事先在布上描绘图案纹样，全凭挑绣者的聪明才智和想象力，根据瑶族的风俗习惯、审美观

云南河口瑶山蓝靛瑶农历三月三村口拦路对歌

念和实用需要，心灵手巧地在自织土布的经纬线交织处，用彩色丝线一针一线地从中心向四方挑绣出各种十分工整对称、色彩和谐、寓意纯朴、形象逼真的图案纹样。瑶族妇女挑花，不仅能正面起花，还精于在布的反面挑花，用各种彩色丝线在布背面随手

广东连南老年妇女刺绣

广西富川平地瑶妇女刺绣

起针，挑绣各种图案纹样。挑好后，布的正面不仅能同样显示出一幅绚丽多彩的美丽图案，而且纹样十分洁净。

瑶族挑花的方法很多，其中最常见的是十字挑花。一般说来，挑花图案的纹样都受到十字针脚的限制，必须严格按照布的经纬线交织点施针，因此造型必须概括、简练，使形体“几何化”。其针法排列不同，可以产生不同的装饰效果。

瑶族挑花图案题材十分广泛，花卉、鸟兽、蝴蝶、鱼虫、文字等，无所不有。构图形式多种多样，随意而变，十分灵活。一般是在织物中间挑绣大型团花，在四角、边沿挑绣精致的角花、边花，中心图案多为八角形、菱形、十字形、四方形的叠套变化，边花图案多为二方连续组合，细密紧凑，变化多端。在广西贺州，瑶族女孩从八九岁时便开始学挑花，少年时为自己挑花，青年时为情人挑花，成年时为孩子挑花。她们用红、白、青、绿、黄等彩色丝线在青黑色的底布上挑绣出一幅幅精美的图案纹样，图案题材主要有大木花、蕨草花、松木花、人仔花、蝴蝶花、太阳花、飞鸟花、莲花、鱼骨花等。

瑶族挑花最突出的实用特点在于结实、耐磨、经洗，所以一般都装饰在服饰最易磨损的围腰、领口、袖沿、衣脚、腰带、脚绑、头巾等处，既可增强服饰易磨损处的牢度，又能给人以美的享受。

凝聚情感的歌谣

瑶族是个能歌善唱的民族，无论悲欢离合、劳作休闲、谈情说爱、讥讽规劝、反抗压迫等，都离不开唱歌，男女老少都会唱，时时处处皆有歌，唱歌几乎成为瑶族人民日常生活中不可缺少的精神生活。人们以歌传情、以歌娱人、以歌娱神、以歌授经、以歌育人，形成丰富多彩的文化内涵。

瑶族人民不仅节日聚会时唱歌，平时在家休闲时唱歌，劳动时也唱歌；欢乐时唱歌，悲伤时也唱歌；结婚时唱歌，死人时也唱歌……许多历史上的重大事件、民族传统，都以唱歌的方式来传授。

最初的瑶族民歌多是一些情歌、劳动歌、风俗歌。明清之后，由于封建统治阶级压迫与剥削的加重，阶级矛盾与民族矛盾不断加剧，以倾诉瑶族人民生活苦情，揭露封建社会黑暗统治，提示社会矛盾的苦歌及反土官、反官吏、反地主恶霸的反抗斗争

知识链接 **瑶族细话歌** 主要流行于广西南丹县白裤瑶地区。通常为相互钟情的一男一女近距离地使用本民族语言，按照传统的歌路轻声细气地吟唱，互诉爱慕之情。唱腔浑厚、低沉，声韵古朴，表现出一种较为原始质朴的音乐形态和风格。

广西南丹白裤瑶吹牛角比赛

歌谣逐渐增多。同时，随着瑶族不断向两广、云贵迁徙，以歌代信的信歌亦应运而生，用以传递信息，加强族群联系。此外，在迁徙的过程中，瑶族不断地和汉、壮等民族接触，受其文化传播影响，瑶族民歌不断吸收汉、壮等民族的山歌歌腔和汉族的小调，从而使瑶族民歌歌腔日渐丰富。不仅出现大量的操汉语西南官话的官话歌、白话歌、梧州话歌及操壮语的壮语歌，而且出现了受汉文化影响的湖南、桂东一带的瑶族多声部民歌和受壮文化影响的桂西、桂西北一带的瑶族多声部民歌。

20世纪50年代后，瑶族实现了民族平等与民族团结，社会安定，经济发展，生活水平逐渐提高，瑶族民歌的内容和演唱习俗也不断变化，歌颂新生活、歌颂社会主义、歌颂民族团结为主要内容的新民歌成为瑶族民歌的主流音乐。原来较低沉、缓慢、压抑的曲调，在吸收了大量的新音乐元素后，变得欢快高昂，给人以鼓舞向上的全新感觉。

广西富川瑶族的《蝴蝶歌》，过去较平缓抒情，现瑶族民间歌手把整个音乐的节奏加快，衬词加密，使整个曲调变得欢快明亮，用以表达生活幸福的欢快情绪，具有强烈的时代感和鲜明的时代特色。

粗犷豪放的舞蹈

瑶族是个能歌善舞的民族，其音乐舞蹈不仅极富民族特点，而且还是瑶族人民日常生活中不可缺少的精神食粮。走进瑶区，你不仅可以听到动人心弦的民歌、民乐，还可以看到绚丽豪放的舞蹈。这些音乐舞蹈，有的是瑶族中原有的，有的是外民族传入的，有的是在与异族文化接触过程中融合形成的。最初的瑶族民间舞蹈大多具有明显的宗教文化内涵，多服务或附属于各种宗教仪式活动，具有较浓郁的娱神功能，近数十年来才逐渐由以娱神为主向以娱人为主转变。

长鼓舞

瑶族长鼓舞，有12套、36套、72套之分，过去主要是为祭

广西巴马东山番瑶丰收舞

盘王而跳，由师公领唱、领舞，众人边舞边唱，舞到尽兴时，还呼以悦耳动听的号子。在整个舞蹈过程中，笙声、鼓声、锣声、呼声、吟唱经文声等伴随粗犷刚健的舞姿融为一体，具有浓郁的娱神、娱人色彩。近二三十年来，长鼓舞中的吟唱经文声逐渐减弱，娱神成分逐渐消失，娱人成分逐渐增多，逐步从庙宇殿堂的祭神活动中脱离出来，成为瑶族节庆活动的重要内容之一，并于2008年列入国家级非物质文化遗产名录。

狩猎舞

生活在山区的瑶族，每当狩猎满载而归时，人们便聚集而欢，或高声呼喊，或模仿捕捉野兽时的动作，或装扮成四处窜逃的野兽跳、跃、腾飞，用简单纯朴的举手投足和粗犷豪迈的呼喊声再现整个狩猎过程，动作粗犷，节奏明快，生动地反映了瑶族的狩猎生活。

开山舞

瑶族开山舞，表演人数不等。由1人打锣指挥，众人模仿开山挖地动作而舞，边舞边呼号子，动作整齐有力，节奏分明，场面宏伟壮观，气氛热烈。整个舞蹈生动形象地再现了瑶族的游耕经济生活。

广西桂林灵川蓝田瑶族舞草龙

广西桂林灵川蓝田瑶族舞狮

铜鼓舞

广西都安、田林、南丹等地的铜鼓舞，打法和舞姿都不一样。都安、大化、巴马一带的布努瑶将铜鼓一侧的双耳系紧，悬挂在横木上敲打。敲击铜鼓时，必须一公一母相配而击，在铜鼓场内，还需置一皮鼓作指挥。击鼓时，鼓后面有2~4人手持雨帽绕击鼓者起舞，前面有6~8个姑娘手持铜铃、花环，踏鼓点声入场，随鼓点节奏翩翩起舞，场面热烈，气氛紧张。

田林县木柄瑶跳铜鼓舞时，将铜鼓和皮鼓悬挂在横木上敲打。铜鼓必须按公左母右的次序排列悬挂。击鼓时，一人击两个铜鼓，人站于两个铜鼓之间，先击两下母鼓鼓面，再击公鼓边上两下，然后再击公鼓边上一下。皮鼓则由两个人共击一个，将皮鼓一侧的铁环系绳悬挂于横木上，甲击鼓的这一面，乙击鼓的另一面，时而跳跃，时而弯腰，舞步轻快，动作粗犷优美。在击皮鼓者的后面，有一群男女青年手持鼓棒，模仿鼓手的动作，手舞足蹈，亦步亦趋，整个场面欢快热烈。

南丹一带的白裤瑶敲击铜鼓的场面极为壮观，将二三十个铜鼓同时悬挂在横木上，在铜鼓的前面置一皮鼓作指挥。皮鼓旁有三四人手持牛角和拉列吹奏。皮鼓由一人敲击；每个铜鼓则配两名鼓手，一人站在铜鼓的一侧击鼓，另一人站在铜鼓后面，双手拿一个木桶的口部和底部准备接音。击鼓时，铜鼓的敲击必须听从皮鼓的指挥，皮鼓手一边击鼓，一边模仿猴子在地上行走，在林中腾跃的姿势，绕皮鼓不停地跳跃。时而以鼓槌击鼓面和鼓身，时而用两根槌互相敲击；时而弯腰，时而直立；或上或下，忽左忽右；时快时慢，时轻时重；舞步轻盈矫健，动作干脆利落。吹牛角和吹拉列者，则视鼓音的高低吹奏出强弱不同的旋律。拿鼓槌的铜鼓手则在皮鼓鼓点的指挥下，用鼓槌敲击鼓面；拿木桶者，则站在铜鼓后面，用木桶将击鼓时发出的音波冲回铜鼓中，使鼓声产生共鸣，从而形成深沉浑厚、优美动听的音律。

第八章
团结和谐的民族区域自治

瑶族是我国人口较多的少数民族之一。据2010年全国第六次人口普查统计，全国共有瑶族2 796 003人，主要分布在广西、广东、湖南、云南、贵州、福建、江西等省区。其中广西是全国瑶族人口最多的地区，约占全国瑶族总人口的54%。

历史上，由于封建统治阶级的民族压迫和民族歧视，瑶族人民历经战乱与压迫。中华人民共和国成立后，中国共产党和人民政府推行民族平等和民族团结政策，在瑶族地区实行民族区域自治，建立瑶族自治县，让瑶族人民自己当家做主，管理本民族内部事务。从1952年起，国家先后在瑶族聚居的地方建立了12个瑶族自治县和113个瑶族乡。在自治县的各级人民代表大会和人民政府中，基本上是由瑶族干部担任领导，在县直单位和乡一级的领导干部中，民族干部也占很大的比例，基本上实现了机关干部的民族化。

▲

原立于金秀河旁的广西大瑶山团结公约碑

大瑶山中的金秀瑶族自治县

金秀瑶族自治县位于广西壮族自治区中部偏东，北面与荔浦、鹿寨县相接，东面与蒙山县接壤，南面与平南、桂平及武宣县相邻，西南与象州县毗连。全县土地总面积2 518平方公里，其中山区面积2 080平方公里，占全县总面积的80%。森林面积319.35万亩，森林覆盖率87.34%。耕地面积1.44万公顷。县治金秀镇。

广西金秀六巷王同惠纪念亭 ▶

广西金秀山子瑶、盘瑶、茶山瑶、花蓝瑶、坳瑶

金秀瑶族自治县历史悠久。唐代永隆（680）以前，东、西、南部分属龚（今平南）、蒙（今蒙山）、象（今象州）三州，永隆以后至五代时属思唐州；北部一带则为荔浦县和修仁县所管。明代，县境北部属平乐府修仁、荔浦县，西部属柳州府象州，南部属浔州府桂平、平南县，东北部属平乐府永安州（今蒙山县），西南部属武宣县。清沿明制。民国二十九年（1940），广西省政府在大瑶山内设立金秀警备区署，民国三十一年改为金秀设治局，直隶省政府。署、局治均设在金秀村，署、局下设10个乡。

1951年2月，永宁乡和崇义乡合并成立金秀瑶族自治区，归修仁县管辖；古朴乡和岭祖乡合并，加上车田、中山、林秀等村成立祖岭瑶族自治区，归蒙山县管辖。1952年5月28日，经中央人民政府政务院批准，广西省人民政府决定，正式成立大瑶山瑶族自治区（县级），区治金秀。我国第一个瑶族自治县——大瑶山瑶族自治区宣告成立。1955年8月26日，改称大瑶山瑶族自治县。1966年4月8日，经国务院批准，改称金秀瑶族自治县。辖三江、寨岗、大麦山、香坪、大坪、涡水、三排等7个镇、71个村居委会。

金秀瑶族自治县是一个多民族聚居区，县境内居住着瑶族、壮族、汉族、苗族、仫佬族、侗族、毛南族等民族。瑶族集中居住在县内中心山区。2010年第六次全国人口普查统计时，全县总

知识链接 **大瑶山瑶族支系** 瑶族是一个支系较多的民族。在大瑶山境内，居住着盘瑶、山子瑶、坳瑶、茶山瑶、花蓝瑶等5个支系的瑶族，是我国瑶族支系最多的瑶族自治县。

人口152 212人，其中瑶族59 383人。

大瑶山地区是广西瑶族的主要聚居区之一。由于长期受封建统治者的“分而治之”统治，20世纪50年代以前，大瑶山地区各民族之间，瑶族各支系之间，存在着严重隔阂。因此，大瑶山地区各县人民政府根据中央和广西省委、省人民政府的指示，在大瑶山地区贯彻“团结互助，发展生产”的方针，先后订立了乡、村“团结公约”，民族之间和瑶族内部的相互关系大为改善。1951年8月20日，中央民族访问团广西分团到达大瑶山进行慰问。8月25日至29日，广西省人民政府在金秀召开大瑶山地区各族代表大会，讨论制定大瑶山“团结公约”。出席大会的代表包括荔浦、蒙山、平南、桂平、象州5县所辖的瑶族地区12个乡的瑶族代表和其他民族的代表。8月28日，大会通过了“大瑶山团结公约”，并以瑶族传统的石牌制形式，庄严地把“大瑶山团结公约”镌刻在石碑上。“大瑶山团结公约”的订立，为在大瑶山地区建立瑶族自治区奠定了基础。

金秀县境绝大部分处于大瑶山主体山脉上，由于特殊的地理环境和地质构造，形成了峻险奇特的丹霞地貌景观。山上动、植

广西金秀坳瑶传统建筑

知识链接 **费孝通与大瑶山** 1935年10月，民族学家费孝通先生和妻子王同惠女士到广西大瑶山对花蓝瑶进行调查。12月调查结束后，返程路上，费先生误跌入陷阱，王同惠女士为救费先生失足跌入山涧遇难，费先生获瑶胞救助出山后写下了民族学名著《花蓝瑶社会组织》。中华人民共和国成立后，费先生心系瑶山，又先后5次上大瑶山，进行调查、访问，为金秀瑶族自治县的成立和瑶族地区的发展做出了重大的贡献。为纪念王同惠女士，中华人民共和国成立后，广西金秀瑶族自治县在金秀六巷乡六巷村建“王同惠纪念亭”，以示对王同惠女士的缅怀。

物资源十分丰富，各种植物种类共有2 335种，野生动物1 226种，其中有被称为植物活化石的银杉等国家一级保护植物7种，瑶山鳄蜥、金斑缘凤蝶等国家一级保护动物4种。金秀是广西最大的水源林和水源中心之一。境内山高林密，溪流众多，气候温和，空气清新，是天然的避暑胜地。

金秀旅游资源丰富。圣堂山的万亩变色杜鹃花，莲花山的丹霞奇貌，银杉公园的数百株千年银杉，金秀老山的原始森林等都是人们感受山区生活的好去处。境内5个支系的瑶族各有丰富多彩的文化生活，瑶族长鼓舞、陶鼓舞、香哩歌等瑶族歌舞令人陶醉；上刀山、下火海等瑶族绝技令人难以忘怀。

百里瑶山的连南瑶族自治县

连南瑶族自治县位于广东省西北部，北回归线以北，东北与连州市交界，东南与阳山县相连，南接怀集县，西邻连山壮族瑶族自治县，西北与湖南省江华瑶族自治县接壤。县治三江镇。

连南瑶族自治县历史悠久。春秋战国时属楚国，秦朝属长沙郡，汉朝属桂阳郡，三国、晋朝属始兴郡，南北朝属阳山郡，隋朝属熙平郡，唐朝、宋朝属连州。元代改州为路，属连州路，明代因之。清代先后在连南境内设理瑶同知、理瑶军民直隶同知、连山绥瑶军民直隶同知、连山绥瑶直隶厅。民国年间改设连山化瑶局、连阳安化管理局。1946年，撤连阳安化管理局，设连南县。1950年5月16日，连南县人民政府成立，建立了25个乡一级

广东连南
八排瑶歌
舞庆佳节

的人民政权。今全县辖三江、寨岗、大麦山、香坪、大坪、涡水、三排等7个镇、71个村居委会。2010年第六次全国人口普查时全县有129 258人，其中瑶族70 053人。

知识链接 **耍歌堂** 广东连南八排瑶最盛大的传统节日。传说瑶族始祖盘古死于农历十月十六日。八排瑶为纪念始祖盘古，通过“耍歌堂”的形式举行祭祖活动，相沿成习，形成民间传统节日。目前已成为连南瑶族自治县的传统民间盛会，并被列入国家首批非物质文化遗产名录。

连南是广东瑶族聚居较多的地区，为使瑶族人民能当家做主，1952年5月，政务院批准将连南、连山两县合并，成立县级连南瑶族自治区。1953年1月25日，连南瑶族自治区在三江镇宣告成立。1955年6月，连南瑶族自治区改称连南瑶族自治县。

连南位于南岭山麓南麓，境内方圆百余里，数百座山峰连绵起伏，逶迤纵横，气势磅礴。在崇山峻岭之中，瑶民在有水源的地方挖山垦荒，造出层层梯田，形成了独特绮丽的高山田园风光。地处海拔800多米的高山上的连南瑶族自治县南岗千年瑶寨，是中国规模最大、最古老、最具特色的瑶寨之一。

广东连南八排瑶耍歌堂

瑶族最多的江华瑶族自治县

江华瑶族自治县位于湖南省最南端，与两广接壤，东北接蓝山县，北临道县、宁远县，西抵江永县，东南邻广东省连州市、连南瑶族自治县、连山壮族瑶族自治县，西南界广西壮族自治区贺州市八步区、钟山县、富川瑶族自治县。全县总面积3 248.72平方公里。县治沱江镇。辖23个乡镇场，516个行政村(居委会)。

江华瑶族自治县历史悠久。汉武帝元鼎六年（前111）置冯乘县，隶属苍梧郡。唐武德四年（621）置江华县，以其治所在阳华岩之江南而得名。武周时期曾改名云溪县，不久恢复江华县，并延续至今。

知识链接 **赵金龙（1779—1831）** 男，湖南江华锦田长塘人，清代瑶族农民起义领袖。清道光十一年（1831），赵金龙在江华河口领导瑶族起义，多次打击“围剿”的官军，队伍发展到万余人，势力波及湘粤桂3省。后因寡不敌众，于1831年4月22日战死。

江华有瑶、壮、汉等世居民族。2010年第六次全国人口普查时，全县有411 539人，其中瑶族288 871人，是全国瑶族人口最多的瑶族自治县。

1955年8月5日，政务院第十七次会议讨论通过了《政务院关于撤销湖南省江华县的建制，成立江华瑶族自治县的决定》。1955年11月22—25日，江华县第一届人民代表大会第三次全体会议隆重召开，会议通过了《江华瑶族自治县人民委员会组织条例》，宣告成立江华瑶族自治县。

江华人文荟萃，古迹甚多。有新石器、商周、战国时期的珍贵文物，秦始皇开疆之时的屯兵遗址，瑶族盘王殿，历代文人墨客元结、柳宗元、徐霞客等游览题咏过的“江华八景”，古朴浓郁的民风民俗等，风景如画，美不胜收。

境内群峰竞秀，资源物产丰富。662座千米以上的高峰巍然耸立，5万亩原始次森林莽莽苍苍，38种国家保护植物根深叶茂，20余种珍稀动物怡然自得，令人目不暇接，流连忘返。气候宜人，夏无酷暑，冬无严寒，风光绮丽，是旅游、避暑、度假的理想胜地。

知识链接 **江华（1907—1999）** 男，湖南省江华瑶族自治县人。原名虞上聪，曾用名黄琳、黄春圃。1907年8月1日出生于湖南江华县瑶族贫苦农民家庭。青年时期，他满怀救国救民之志，投身于革命运动。1925年在湖南省立第三师范学校加入中国共产主义青年团，1926年冬转为中国共产党党员。先后参加井冈山4次反“围剿”斗争、二万五千里长征、抗日战争、解放战争。1938年8月，江华经毛泽东批准，将黄春圃的名字改为江华。1975年1月—1978年3月期间任最高人民法院院长。是中共第八、十届候补中央委员，第十一届中央委员。在党的第十二次、第十三次全国代表大会上当选为中央顾问委员会常务委员。

大石山中的都安瑶族自治县

都安瑶族自治县位于广西壮族自治区中部偏西，东邻宜州市、忻城县，南与马山县、大化瑶族自治县毗邻，西与巴马瑶族自治县、东兰县相连，北与河池市金城江区接壤，全县总面积4 095.2平方公里。县治安阳镇。

都安瑶族自治县历史悠久。秦属桂林郡地，汉属定周县地，西晋时属郁林郡地，南北朝时先后属桂林郡地和马平郡地，隋属郁林郡地，唐属桂州地，五代十国时，属宜州地，宋淳化二年（991）设富安监，为都安境内最早设置的地方行政单位。元代属田州路地，明初属思恩府，洪熙元年（1425），都安地域分置都阳堡、安定堡、兴隆堡。嘉靖七年（1528）属都阳巡检司、安定巡检司、兴隆巡检司。清袭明制，光绪三十年（1904）“改土归流”，废除世袭土官，改设流官弹压委员，司名依旧。民国五年（1916），将武鸣县承审之都阳、安定等7个土司，隆安县承审之两土司，分设三县，其中都阳、安定两司地全部，兴隆司地之部分，以及恩隆县属之乌龙峒（今属大化县），合置一县，县名初以县治才圩之翠屏山取义，称“屏山县”，旋改以都阳、安定两司名首字命名“都安县”。1955年9月，国务院决定撤销都安县，设立都安瑶族自治县。同年12月15日，都安瑶族自治县正式成立。全县辖22个乡镇，247个村民（社区）委员会。

2010年第六次全国人口普查时，全县有671 991人，其中瑶族148 558人。

都安山多地少，石多土少，九分石头一分土，自然条件比较恶劣。中华人民共和国成立后，经过农田水利建设、砌墙保土、防洪排涝和治山治水，农业生产条件逐步得到改善，粮食单产、总产均有很大的发展。

都安地貌景观奇特，是全国岩溶地貌发育最为典型的地区之一。境内洼地密布、石山连绵，地下河天窗、峰丛、峰林等地貌单元千姿百态，绮丽壮观，山上岩石多为石灰岩，素有“石山王国”之称。主要旅游景点有广西红水河都安三岛湾国际度假区、广西都安国际洞穴潜水中心、地苏瑶台度假山庄、瑶岭河漂流、石头开花、八仙公园、匹夫关等。著名特产有书画纸、野生山葡萄酒、沙纸、山羊、旱藕粉丝、竹编藤织、五彩石工艺品等。是中国都安山羊之乡、中国竹藤草芒编织工艺品之乡和中国野生山葡萄红酒基地。祝著节是当地瑶族最隆重的传统节日。

知识链接 **祝著节** 广西都安、大化、巴马、马山、平果、隆安等地自称“布努”的瑶族传统节日。又称五月二十九、祖娘节、瑶年，过去曾称为达努节。传说农历五月二十九日是布努瑶始祖母神密洛陀的生日，后人出于崇拜，定该日为其祝寿。是日家家户户杀猪宰羊，宴请宾客，同时还举行铜鼓舞、斗画眉、赛弩、赛马等活动。

长寿之乡的巴马瑶族自治县

巴马瑶族自治县位于广西壮族自治区西北部，北与凤山、东兰交界，南与田东、平果接壤，东与大化瑶族自治县为邻，西和田阳、凌云、百色市右江区毗连。全县总面积1 971平方公里，县治巴马镇。

巴马瑶族自治县历史悠久。秦属桂林郡，汉属增食县地，晋属增翊县地，隋属宣化县地，唐属归乐州地，宋属宜州、观州和归乐州，皇祐五年（1053）后县境始置羁縻文州和思阳县，为巴马境内有建置之始。元代，文州和思阳县划归田州路管辖，今巴

▲

广西边境大会战时修的巴马瑶族地区公路

马境地属田州路的上隆州和庆远府南丹安抚司。明代，在今巴马境内设怊马、万冈、篆甲巡检司。清代，县地分属恩隆、东兰、凤山等州县管辖。民国二十三年（1934）冬置万冈县。中华人民共和国成立初仍名万冈县。1953年4月23日，政务院批准撤万冈县，县地分属田阳、凤山、东兰、田东等县。1955年9月21日，国务院批准设立巴马瑶族自治县。1956年2月6日，巴马瑶族自治县正式成立，因县治设于巴马镇而得名。全县辖1镇9乡。

2010年第六次全国人口普查时，全县有266 743人，其中瑶族47 854人。

巴马是中国长寿老人密集度最高的地区之一。2009年，巴马健在的百岁老人有81人，90

◀ 广西巴马东山番瑶传统民居建筑

岁年龄段的长寿老人有800多人。

巴马的生态旅游资源丰富而独特，境内有号称“天下第一洞”的百魔洞，有以“长寿宫”和百鸟岩为代表的岩溶洞群体及天坑群，有逶迤绚丽的盘阳河风光和湖光山色的赐福库区千岛湖风光。巴马是国家规划实施的“百色风雷，两江红旗”红色旅游线路的重要组成部分，境内有红七军二十一师师部旧址、韦拔群同志牺牲地香涮洞等一批著名的旅游景点。

三省交界的连山壮族瑶族自治县

连山壮族瑶族自治县位于粤、湘、桂三省（区）结合部，东连连南瑶族自治县，西邻广西贺州市，南与怀集县交界，北与湖南江华瑶族自治县相接。县治吉田镇。

连山壮族瑶族自治县历史悠久。南朝梁天监五年（506），武帝在今连山境内设广德县。隋开皇十年（590）改称广泽县，仁寿元年（601）改称连山县，宋绍兴十八年（1148）改称程山县，元初复改称连山县，明洪武四年（1371）改称连山县，清嘉庆二十一年（1816）改称广东省连山直隶厅，民国元年（1912）改称连山县。1949年12月20日，连山县人民政府正式成立。全县现辖7镇，46个行政村，4个居委会。

广东连山瑶族盘王节

2010年第六次全国人口普查时，全县有90 515人，其中瑶族12 681人，壮族41 246人。

1953年，连山县与连南县合并，成立连南瑶族自治区（县级），为连山县实行民族区域自治之始。1954年1月20日恢复连山县建制。1958年，国务院第七十七次全体会议讨论通过，同意成立连山僮族瑶族自治县。1958年12月，连山、连南、连县、阳山4县合并成立连阳各族自治县。1960年，恢复阳山县建制，其余3县成立连州各族自治县。1961年10月15日，国务院批准撤销连州各族自治县，恢复连县，成立连南瑶族僮族自治县。1962年3月27日，国务院决定撤销连南瑶族僮族自治县，成立连山僮族瑶族自治县和连南瑶族自治县。1962年9月26日，连山僮族瑶族自治县正式宣告成立。

连山以山闻名，开门见山，出门爬山。五岭之一的萌渚岭余脉绵延全县大部分区域，境内峰峦林立，溪涧纵横，地势高峻，总面积的87%为山地，有"九山半水半分田"之称，但经多年植树造林，森林覆盖率已达到58%以上。

连山峰峦叠嶂，风光绮丽。淳厚的风土人情，浓郁的壮瑶风情，丰富的生物资源，良好的生态环境吸引着越来越多的游客。已开发的主要旅游景点有被誉为"广东九寨沟"的大旭山瀑布群，"一脚踏三省（区）"、尽览三省（区）边界风光的鹰扬关，集壮瑶风情、古树参天的福林苑休闲景区等。

知识链接 **鹰扬关** 位于县境西北部的广东与广西交界处，距县城25公里。建于唐代。关内外群峰耸立，山环水绕，形势险要，为历代兵家争战之地。宋有岳飞派兵从贺县经此关追围剿曹成；清有太平天国翼王石达开破关大战；民国十年（1921），粤桂军阀混战，桂军进退均由此关；1931年，邓小平、李明瑞、张云逸领导的红七军部分队伍，也由此关经禾洞进湘南，到达延安。

中越边境线上的河口瑶族自治县

河口瑶族自治县位于云南省南部，东北部与马关县接壤，西隔红河与金平苗族瑶族傣族自治县相望，北与屏边县毗邻，南与越南社会主义共和国老街省隔河相望。县治河口镇。

河口瑶族自治县历史悠久。汉代属牂牁郡进桑县，后汉改进桑县为进乘县，南宋属宁州梁水郡，唐初属品州八称县，南邵属通海郡，大理国时属秀山郡，元属临安宣慰司，明属临安府王弄山长官司地。清光绪二十三年（1897）设河口对汛督办公署，为河口建行政区之始。1950年设河口市。1955年2月改为河口县。1959年2月，屏边县合并河口县，仍称河口县。1960年，成立河口瑶族苗族自治县。1962年3月，恢复屏边、河口两县制。1963年7月11日，成立河口瑶族自治县。全县辖4个乡，27个村民委员会，3个社区居委会，274个村民小组。

2010年第六次全国人口普查时，全县有104 609人，其中瑶族24 013人。

河口是国家一类口岸，云南省对外开放的重要窗口，中国西南地区进入东南亚最便捷的陆地通道之一。红河航道在此形成枢纽与越南对接，是云南省乃至西南地区通向东南亚、南太平洋最便捷的陆路通道。中越公路桥横跨南溪河、连通河口和越南老街。中越铁路大桥是滇越铁路上连接中国与越南的跨国桥梁，是中越关系的历史见证。自对外开放以来，河口大力发展口岸经济贸易，与越南老街省建立了良好的经济合作关系。此外，还与菲律宾、日本、朝鲜、韩国、土耳其、新加坡、马来西亚、印度尼西亚、荷兰、比利时、英国等10多个国家和地区建立了经济合作关系。

中越铁路大桥

知识链接 **河口中越铁路大桥** 位于河口南溪河上，修建于1903年，1904年竣工，全长76米，是滇越铁路上连接中国与越南的跨国桥梁。

河口夏长冬暖，湿度大，雨量充沛，森林资源得天独厚，南溪河两岸都是热带原始沟谷雨林景观，动植物资源丰富，种类繁多，尤以江河、溶洞景观、瑶族风情著称，现辟建南溪河省级风景区。景区以南溪河两岸热带原始沟谷雨林景观、花鱼洞巨泉景观、瑶族风情、四连山古炮台文化遗址、边关风光、中越边贸口岸和越南商品一条街著称。

南岭南麓的乳源瑶族自治县

乳源瑶族自治县位于广东省正北部，东邻曲江，西连阳山县，南毗英德市，北与乐昌市接壤，西北与湖南省郴州市宜章县交界。县治乳城镇。

秦属南海郡，汉属桂阳郡，三国属始兴郡，唐属韶州。南宋乾道三年（1167）置乳源县，隶属广南东路韶州府。历元、明、清不变。民国属广东省第二行政区。1952年与曲江县合并，1953年恢复乳源县，1958年撤销乳源县，归韶关市郊区。1963年成立乳源瑶族自治县。全县辖9个镇，1 082个自然村。

2010年第六次全国人口普查时，全县有177 471人，其中瑶族21 027人。

20世纪50年代前，乳源瑶族分属乐昌、乳源、曲江3个县管辖。1956年，国务院第四十一次会议通过，批准成立韶边瑶族自治县，这便是乳源瑶族自治县的前身。1963年6月29日，国务院批准设立乳源瑶族自治县。同年9月27—29日，乳源瑶族自治县在乳城镇召开首届人民代表大会。10月1日，在乳城镇召开乳源瑶族自治县成立大会，正式宣告乳源瑶族自治县成立。

广东乳源瑶族盛装欢庆盘王节

▲

广东乳源瑶族迎客舞

境内瑶族爱唱山歌。男女青年上山打猎、伐木、耕作或到田间劳作时都歌不离口，或独唱，或男女对唱。逢年过节，喜庆之日，人们聚集到林间、草坪尽情地对歌，传情达意。唱时讲究技巧，强调拖音、吐气，曲调清新，歌声悠扬动听、音细而长，使人感到亲切温馨。

知识链接 由禅宗六祖慧能七传弟子文偃禅师创建于五代后唐庄宗同光元年（923）的云门山大觉禅寺位于县城东北6公里的云门山慈悲峰下，俗称“云门寺”，距今已有1 000多年历史，是中国佛教禅宗五宗之一的“云门宗”之发祥地和国家重点寺院。

南水温泉度假村位于县城西15公里南水水库西半岛内，靠山面水，车干水温泉自然涌流，清澈透明，无色无味，属碳酸钠型苏打温泉，富含氟、锌、镁、铁等多种对人体有益的微量元素。

乳源大峡谷位于乳源县西南68公里的大布镇，峡谷长达15公里，谷深300多米，属石英砂岩。峡谷顶部地貌平缓，一溪从谷始端的梯级样的崖层飞流直下200多米的谷底，形成气势磅礴的瀑布。峡谷沟壑纵横，奇峰林立，古木参天，构成一幅巧夺天工的山水画。

潇贺古道中的富川瑶族自治县

富川瑶族自治县位于广西壮族自治区东北边缘，东与湖南省江华瑶族自治县毗连，南与广西钟山县接壤，西和广西恭城瑶族自治县为邻，北与湖南省江永县交界。全县总面积1 572平方公里，县治富阳镇。

秦时属南海郡地。汉元鼎六年（前111），县域始置冯乘、富川县。宋开宝四年（971），废冯乘县，东部划入今湖南江华县，西部划入富川县。元、明、清承袭，设富川县。民国六年（1917）7月，划富川县南部置钟山县。1953年4月23日，富川、钟山两县合并成立富钟县。1962年3月27日，撤销富钟县，恢复富川、钟山二县。1983年8月30 日，国务院批准广西壮族自治区人民政府关于建立富川瑶族自治县的请示，同意撤销富川县，建立富川瑶族自治县。全县共辖13个乡镇，18个社区，137个村委会，1个自治区直属国有立新农场。

2010年第六次全国人口普查时，全县有312 787人，其中瑶族172 685人。

富川是瑶族聚居区，成立富川瑶族自治县，实现瑶族人民

广西富川瑶族自治县成立30周年时瑶族表演

当家做主，一直是富川瑶族人民的强烈愿望。1983年8月30日，国务院同意设立富川瑶族自治县。1983年12月27—29日，富川瑶族自治县首届人民代表大会第一次会议隆重举行。1984年1月1日，在县驻地富阳镇举行了隆重的自治县成立庆祝大会。

富川历来为兵家必争之地。清光绪《富川县志》称其为“楚粤唇齿居要者”。秦时为加强对岭南的控制而修建的“潇贺古道”，其东西两路贯穿富川。潇贺古道将中原地区的文明传入瑶族地区，促进了民族交流与融合，使得富川瑶族文化呈现出“瑶风楚韵”的特点；受中原汉族文化的影响，其教育较为发达，民居建筑楚风浓郁。

县城中心有明洪武二十九年（1396）所建的古县城遗址。初建时为土城，明万历元年（1573）改为砖墙，周长2 113米，高6米，宽3.7米，垛口909个。几百年来，重修8次，现为广西三大保存较为完整的明古城之一。保留有升平、向日、迎恩三个城门，镇升、仁义、镇武、阳寿四条古街道，呈“井”字形布局，街道路面用鹅卵石嵌成金钱图案，俗称“花街”。古城总体布局和构造十分严谨，功能齐备，是一座进可攻退可守的军事古城。

知识链接 **慈云寺** 也称镇江慈云寺，总面积为598平方米。该寺始建于清康熙十六年（1677），康熙五十六年（1717）、乾隆十一年（1746）重修。咸丰五年（1855）毁于战火，同治六年（1867）重建该寺。内有佛殿二进，东西两侧有厢房，殿间天井用卵石铺成，每座殿堂皆由六柱抬梁构架组成。后殿有圆月门，直通瑞光塔。寺内建有瑞光塔，俗称观音塔、观音阁，为7层楼阁式六角形砖塔，高28米，塔基埋深4.8米，塔尖有重达400公斤的铜刹盖顶。顶层六面有窗。塔内有螺旋式砖梯78级，可直达顶层。登塔远眺，可观“富川八景”中的富水奔涛、层峦耸翠和山泉飞瀑三景。塔下林木成荫，玉泉清冽，环境十分幽雅。从明朝至今，400多年来，瑞光塔历经洪涝、地震和雷击等灾难，依旧安然无恙。

受汉族文化影响，富川教育发展较快。该县朝东镇秀水村建于唐开元十三年（725）。自唐、宋、元、明、清以来，该村先后出过1个状元和26个进士，故有“状元村”之美称。村中至今还保留着大量明、清时期的民居、宗祠、祖庙、古戏台，以及上至皇帝，下到知县赐封、贺赠的匾额等文物古迹。有相似于江南水乡风光景观，是岭南最佳水乡风光之一，有“宋元明清民居露天博物馆”之美称。

知识链接 **瑶族蝴蝶歌** 主要流行于广西富川瑶族自治县。因为在歌的衬字、衬词中常出现“蝴的蝶”衬词而得名。由两男或两女用汉语方言土语“梧州话”同声二重唱，同起同收，歌手唱时有高、低之分，属二声部同声组合，无混声，行腔特点为字多声少，轻快潇洒，律动感强，内容以情歌为主。有长、短“蝴蝶歌”之分。2008年被列入国家级非物质文化遗产名录。

多民族聚居的
金平苗族瑶族傣族自治县

金平苗族瑶族傣族自治县位于云南省红河哈尼族彝族自治州南部。东隔红河与河口瑶族自治县相望，南与越南老街省和莱州省接壤，西接云南绿春县，北连云南元阳县并隔红河与云南个旧市、蒙自县为邻。县治金河镇。

西汉属牂牁郡西随县地，东汉属益州牂牁郡西随县地，三国蜀汉属益州兴古郡西随县地，两晋、南北朝属梁水郡西随县地，隋属南宁州都督府黎州地，唐南诏国时属通海都督府辖地，宋大理国时属秀山郡大甸地，元属临安路大甸地，明属临安府建水州十五勐十八土司地。清代改土归流前，属临安府建水州勐拉刀土司、者米王土司、茨通坝李土司及勐丁张土司地。勐丁张土司地于清光绪十六年（1890）改设临安府勐丁，民国六年（1917），改设勐丁行政委员，民国二十一年（1934）改设平河设治局；勐拉刀土司、者米王土司、茨通坝李土司地于民国六年（1917）设金河行政委员，民国二十一年（1932）改设金河设治局。民国二十三年（1934），两设治局合并设金平县。1950年3月金平县人民政府正式成立，1985年成立金平苗族瑶族傣族自治县。2004年，全县辖2个镇，12个乡，92个村委会，4个社区，1 013个村民小组。

金平是个多民族聚居的地区，世居民族有苗族、瑶族、傣族、哈尼族、彝族、壮族、拉祜族、汉族等。2010年第六次全国人口普查时，全县有356 227人，其中瑶族45 922人，苗族89 007人，傣族19 620人。

金平有丰富的旅游资源。境内溪流淙淙，风光绮丽，少数民族风情浓郁，情调独特，是生态考察和旅游观光的胜地。主要旅游景点有63万亩的分水岭国家级自然保护区的物种基因库、勐拉温泉、马鞍底蝴蝶谷、天生桥、金水河口岸、清水龙宫洞等。

红水河畔的大化瑶族自治县

大化瑶族自治县位于广西壮族自治区中部偏西，西界广西巴马瑶族自治县，北临广西河池市金城江区，东接广西都安瑶族自治县，南与广西平果县、马山县接壤。全县总面积2 716.31平方公里。县治为大化镇。

大化瑶族自治县成立于1988年10月20日。自治县成立前，其地分属周边的都安、巴马、马山三县（自治县）。全县辖3个镇、16个乡、3个扶贫开发区，158个村（街）民委员会。

2010年第六次全国人口普查时，全县有446 226人，其中瑶族100 888人。

大化古属百越之地，秦属桂林郡，汉属郁林郡，晋属晋兴郡，隋属郁林郡，唐属思恩州，宋先后属宜州和庆远府，元属思恩土州。明属思恩土州的都阳、兴隆、那马、旧城、安定堡，明嘉靖七年（1528）后属思恩府都阳、安定、兴隆、定罗、那马、旧城土巡检司。清属思恩府都阳、安定、兴隆、定罗、那马、旧城土巡检司。民国年间分别属都安、那马、隆山、东兰、平治、万冈等县。

中华人民共和国成立后，分别属都安瑶族自治县、巴马瑶族自治县和马山县。是瑶族和壮族聚居地。1987年12月23日，国务院批准成立大化瑶族自治县，并调整部分县行政区划。从都安瑶族自治县划出大化、六也、百马、江南、都阳、雅龙、七百弄、板升8个乡镇，从巴马瑶族自治县划出板兰乡全部，东山、凤凰、羌圩等3个乡的17个村，从马山县划出古感、贡川、永州

广西大化布努瑶铜鼓舞

3个乡镇的22个村为大化瑶族自治县的行政区域。1988年10月18—20日，大化瑶族自治县首届人民代表大会第一次会议在大化镇隆重举行，宣告成立大化瑶族自治县。

广西大化布努瑶打铜鼓庆丰收

大化历史文化悠久，流传于瑶族民间的创世史诗《密罗陀》是国家级非物质文化遗产项目；全世界仅存铜鼓2 400多面，其中就有400余面在大化。

大化风光旖旎，自然资源得天独厚。这里有独树一帜的红水河风光，被誉为“桂西风景新珠”。七百弄风景名胜区，方圆1 300多平方公里，是世界上喀斯特高峰丛深洼地发育最典型的地区，集独特的喀斯特地貌、现代大型水电工程、民族风情于一体，是科学考察、探险攀崖、采风写生、民族风情旅游的好去处。

人杰地灵的恭城瑶族自治县

恭城瑶族自治县位于广西壮族自治区东北部，东临广西富川瑶族自治县及湖南省江永县，南邻广西钟山、平乐县，西接广西阳朔、灵川县，北界广西灌阳县，全县总面积2 149.02平方公里。县治恭城镇。

秦属桂林郡之临贺，汉属富川县地，三国属平乐县地，隋大业十四年（618），析平乐地置荼城县，此为恭城建县之始。唐武德四年（621），荼城更名恭城，此为恭城得名之始。宋、元、明、清以至民国时期，均名恭城县不变。中华人民共和国成立后，仍名恭城县。1990年2月3日，国务院批准撤销恭城县，以其原行政区域设恭城瑶族自治县。全县辖3镇、6乡，117个行政村，4个街道委员会，515个村民委员会。

恭城瑶族自治县盘王节

恭城瑶族自治县有瑶、壮、汉3个世居民族。2010年，第六次全国人口普查时，全县有285 058人，其中瑶族171 041人。

恭城是一个瑶族人口聚居较多的自治县。受汉文化影响，明、清时期，恭城的书院、社学、私塾发展较快。自唐宋至明清，全县共有举人28人（其中武举22人），恩贡52人，拔贡39人，副贡12人，岁贡299人，廪贡14人。始建于明朝永乐八年（1410）的恭城文庙，又称孔庙、学宫，是恭城人纪念中国古代杰出教育家、思想家孔子的庙宇，也是广西现存规模最大、历史最悠久、气势最宏伟、保存最完整的庙宇。

恭城瑶族能歌善舞，人们以歌传情，以歌会友。当地的瑶族歌舞，既有传统的纯朴韵味，又有现代的活泼气息。情歌对唱、挑新郎、找新娘、哭嫁、背新娘、拜堂成亲、过棒头关等瑶族婚恋风情表演是瑶族歌舞的经典，“傩舞”“同乐舞”“竹竿舞”等舞蹈历史悠久，已有2 000多年的历史。

改革开放以来，恭城大力发展生态旅游业，依托生态品牌建设起来的新农村成了该县旅游业的重要组成部分，莲花镇的红岩村成为唯一一个由农民自己经营的“全国农业旅游示范点”。一年一度的“桃花节”和“月柿节”更是吸引游客数十万人。

参考文献

1. 毛宗武，蒙朝吉，郑宗泽．瑶族语言简志．北京：民族出版社，1982

2.《民委民族问题五种丛书》云南省编辑委员会，云南苗族瑶族社会历史调查．昆明：云南民族出版社，1982

3. 胡起望，范宏贵．盘村瑶族．北京：民族出版社，1983

4. 蒙冠雄，莫义明，蓝怀昌，刘保元．瑶族风情歌．南宁：广西人民出版社，1983

5. 广西瑶族社会历史调查．第 2 册．南宁：广西民族出版社，1983

6. 广西瑶族社会历史调查.第 1 册，南宁：广西民族出版社，1984

7. 广西少数民族风情录．南宁：广西民族出版社，1984

8. 广西瑶族社会历史调查．第 3 册．南宁：广西民族出版社，1985

9. 广西瑶族社会历史调查．第 8 册．南宁：广西民族出版社，1985

10. 广西瑶族社会历史调查．第 4 册．南宁：广西民族出版社，1986

11. 广西瑶族社会历史调查．第 5 册．南宁：广西民族出版社，1986

12. 广西瑶族社会历史调查．第 7 册，南宁：广西民族出版社，1986

13. 湖南瑶族社会历史调查．南宁：广西民族出版社，1986

14. 广西瑶族社会历史调查．第 6 册．南宁：广西民族出版社，1987

15. 广西瑶族社会历史调查．第 9 册．南宁：广西民族出版社，1987

16. 连南瑶族自治县瑶族社会调查．广州：广东人民出版社，1987

17. 田伏隆．湖南瑶族百年．长沙：岳麓书社，1987

18. 湖南少数民族古籍办公室．盘王大歌．长沙：岳麓书社，1987

19. 玉时阶．白裤瑶社会．桂林：广西师范大学出版社，1989

20. 胡德才，苏胜兴．大瑶山风情．南宁：广西民族出版社，1990

21. 赵廷光．论瑶族传统文化．昆明：云南民族出版社，1990

22. 柏果成、史继忠、石海波．贵州瑶族．贵阳：贵州民族出版社，1990

23. 金秀瑶族自治县民委县文联等．瑶族风情录．南宁：广西人民出版社，1991

24. 练铭志，马建钊，李筱文．排瑶历史文化．广州：广东人民出版社，1992

25. 刘小春，丁战，苏斌．桂东瑶舞探秘．南宁：广西民族出版社，1992

26. 刘保元．瑶族文化概论．成都：广西民族出版社，1993

27. 郭大烈，黄贵权，李清毅．瑶文化研究．昆明：云南人民出版社，1994

28. 蒙冠雄，蒙海清，蒙松毅搜集翻译整理．密洛陀．南宁：广西民族出版社，1999

29. 谢明学，玉时阶．瑶族传统文化．南宁：广西民族出版社，2000
30. 谢明学，李卓华，玉时阶．中国白裤瑶风情录．西安：陕西旅游出版社，2001
31. 徐祖祥．瑶族文化史．昆明：云南民族出版社，2001
32. 农学冠，黄日贵，苏胜兴．瑶族文学史（修订本）．南宁：广西民族出版社，2001
33. 刘保元，莫义明．茶山瑶文化．南宁：广西人民出版社，2002
34. 金秀大瑶山瑶族史编纂委员会．金秀大瑶山瑶族史．南宁：广西民族出版社，2002
35. 吴永章．畲族与瑶苗比较研究．福州：福建人民出版社，2002
36. 玉时阶．瑶族文化变迁．北京：民族出版社，2005
37. 奉恒高．瑶族通史．北京：民族出版社，2007
38. 本书编写组．连山壮族瑶族自治县概况．北京：民族出版社，2007
39. 本书编写组．江华瑶族自治县概况．北京：民族出版社，2008
40. 本书编写组．河口瑶族自治县概况．北京：民族出版社，2008
41. 本书编写组．金平苗族瑶族傣族自治县概况．北京：民族出版社，2008
42. 本书编写组．连南瑶族自治县概况．北京：民族出版社，2008
43. 本书编写组．乳源瑶族自治县概况．北京：民族出版社，2008
44. 本书编写组．富川瑶族自治县概况．北京：民族出版社，2008
45. 本书编写组．巴马瑶族自治县概况．北京：民族出版社，2008
46. 本书编写组．金秀瑶族自治县概况．北京：民族出版社，2008
47. 粟卫宏等．红瑶历史与文化．北京：民族出版社，2008
48. 本书编写组．都安瑶族自治县概况．北京：民族出版社，2009
49. 本书编写组．恭城瑶族自治县概况．北京：民族出版社，2009
50. 本书编写组．大化瑶族自治县概况．北京：民族出版社，2009
51. 韦标亮．布努瑶社会历史．南宁：广西民族出版社，2010
52.《湖南瑶族》编写组．湖南瑶族．北京：民族出版社，2011
53. 玉时阶．跨境瑶族研究．北京：民族出版社，2011
54. 玉时阶等．花蓝瑶社会变迁．北京：民族出版社，2012
55. 玉时阶．瑶族服饰．北京：北京科学技术出版社，2012
56. 玉时阶，李明香等．中越边境线上的蓝靛瑶．北京：民族出版社，2014
57. 玉时阶．瑶族文化生态保护研究．北京：民族出版社，2014

后记

本书是我主持的国家社科基金项目“中国瑶族志”（11BMZ017）的阶段性研究成果。

我出生在广西南丹县城关镇。离我家20多公里的南丹县里湖瑶族乡和八圩瑶族乡当时聚居着约1万余人白裤瑶。每到圩日，白裤瑶男女成群结队地到县城赶圩，他们那五彩斑斓的民族服饰，豪爽的性格，坚韧不拔的毅力，热情好客的个性都给我留下了深刻的印象。1978年我到广西师范学院（今广西师范大学）历史系读书时才了解到，瑶族是个历史悠久，文化丰富多彩的民族。从那时起，每年的寒、暑假我都到白裤瑶地区去调查。1982年大学毕业前，我在粟冠昌、张家璠教授的指导下发表了瑶学研究的第一篇论文《瑶族油锅组织研究》。大学毕业两年半后，我调入广西民族学院民族研究所任教，主要从事瑶族历史文化的教学与研究，先后出版了13本瑶学研究的著作，发表了60多篇瑶学研究的论文。

几十年来，我先后走遍了中国所有的瑶族自治县和有瑶族聚居较多的县市，并应国外研究机构邀请，到越南、泰国、美国等瑶族聚居的社区进行调查。所到之处，得到各级政府部门及各地瑶族同胞的热情接待和支持，给予我很多的帮助。瑶族同胞对本民族文化的热爱和守护令我十分感动，我也愿意用自己的微薄之力为他们做些力所能及的事情。但瑶族支系众多，仅自称就有28种，而以服饰、经济生活、宗教信仰、姓氏等为特征的他称则多达数百种，每个支系都有自己的特点，文化内涵十分丰富。由于篇幅所限，要在这本小册子里全面、系统地展示每个瑶族支系的文化是难以为之的。加上本人学术视野、能力有限，对一些有特色的瑶族支系文化可能会遗漏，错谬之处也难以在免，敬请读者指正。

湖南湘潭大学的郑长天副教授、广西民族大学的蒋远鸾讲师、广西南丹县非物质遗产保护中心分别为本书提供了几张照片，谨致以谢意！其余的照片均为本人在各瑶族地区考察时所拍摄。

2014年仲夏，承蒙辽宁民族出版社吴昕阳副总编和李欣编辑亲自到南宁热情邀请，有幸参与《走近中国少数民族丛书·瑶族》的撰写。辽宁民族出版社的领导及责任编辑李欣为本书的出版做了大量的工作，谨此致以衷心的感谢。

玉时阶

2014年12月于南宁